Deb Nelson Gourley presents:

Kings of Norway

58 bilingual stories in English and Norwegian

Text and illustrations by Anders Kvåle Rue
Simplification of text by Kari Grønningsæter
English translations by Jim Skurdall

Astri My Astri Publishing

Deb Nelson Gourley presents: Kings of Norway. Copyright © 2006 by Deb Nelson Gourley, Astri My Astri Publishing. Printed in the United States of America. All rights reserved. No part of this book may be reproduced in any form or by any electronic or mechanical means including information storage and retrieval systems without permission in writing from the publisher, except by a reviewer, who may quote brief passages in a review.

Library of Congress Control Number: 2006932218

ISBN 0-9760541-2-4

Published and marketed by:
Astri My Astri Publishing
Deb Nelson Gourley
602 3rd Ave SW
Waukon, IA 52172 USA
Phone: 563-568-6229
Fax: 563-568-5377
deb@astrimyastri.com
http://www.astrimyastri.com

Printed by:
Anundsen Publishing Company, Decorah, Iowa

First printing 2006
Made in Iowa. Made in USA.

Contents

Harald Fairhair – Harald Hårfagre 2
Eirik Bloodaxe – Eirik Blodøks 4
Haakon the Good – Håkon den Gode 6
Harald Graycloak – Harald II Gråfell 8
Olaf I Tryggvason – Olav I Tryggvason 10
Saint Olaf II – Olav II den Hellige 12
Svein Alfivason 14
Magnus I the Good – Magnus I den Gode 16
Harald III Hardruler – Harald III Hardråde 18
Magnus II Haraldsson 20
Olaf III the Gentle – Olav III Kyrre 22
Magnus III Barelegs – Magnus III Berrføtt 24
Eystein I Magnusson – Øystein I Magnusson 26
Sigurd I the Crusader – Sigurd I Jorsalfar 28
Magnus IV the Blind – Magnus IV Blinde 30
Harald IV Gilchrist – Harald IV Gille 32
Sigurd II Mouth – Sigurd II Munn 34
Inge I the Hunchback – Inge I Krokrygg 36
Eystein II Haraldsson – Øystein II Haraldsson 38
Haakon II the Broadshouldered – Håkon II Herdebrei 40
Magnus V Erlingsson 42
Sverre Sigurdsson 44
Haakon III Sverresson 46
Inge II Bårdsson 48
Haakon IV Haakonsson 50
Magnus VI Lawmender – Magnus VI Lagabøte 52
Eirik II the Priest-Hater – Eirik II Prestehater 54
Haakon V Longlegs – Håkon V Langbein 56

Magnus VII Eriksson – Magnus VII Smek 58

Haakon VI Magnusson 60

Olav IV Haakonsson 62

Margaret I – Margrete I 64

Eric III of Pomerania – Erik III av Pommern 66

Christopher of Bavaria – Christoffer av Bayern 68

Carl I Knutsson Bonde 70

Christian I 72

Hans 74

Christian II the Tyrant – Christian II Tyrann 76

Frederik I 78

Christian III 80

Frederik II 82

Christian IV 84

Frederik III 86

Christian V 88

Frederik IV 90

Christian VI 92

Frederik V 94

Christian VII 96

Frederik VI 98

Christian Frederik 100

Carl II (XIII) 102

Carl III (XIV) Johan 104

Oscar I 106

Carl IV (XV) 108

Oscar II 110

Haakon VII 112

Olav V 114

Harald V 116

Introduction

It is an honor for me to be able to write a book introducing the line of Norwegian kings to Americans of Norwegian descent. I am much obliged to Deb Nelson Gourley and Astri My Astri Publishing for initiating this project.

Norway's former rulers are a colorful lot and well worth studying. The first kings were warriors. Some brought happiness and prosperity to the country; others were rogues greedy for power. Most were a mixture of the two. But real men they were, all the descendants of Harald Fairhair.

Then came the Middle Ages and the Black Death, with a period of decline for the nation and a change of royal lines. During the union with Denmark, the German-Danish House of Oldenburg swiftly assumed power. Its royal line included cunning strategists, simple-minded hedonists, meticulous plodders, and decadent idlers. This was followed by the union with Sweden, during which we had to pay homage to the descendants of a French lawyer as Norway's supreme ruler. Never did we regard the kings of these unions completely as our own. That did not happen until 1905, when the people themselves chose the monarchy as the form of government for an independent Norway.

Haakon VII and his descendants have shown that they are capable of fulfilling their royal duties in a modern society, most often in a representational role, but also assuming responsibility for affairs of state when crisis situations called for it.

I hope the texts and illustrations will provide you with an exciting experience of our common heritage!

Anders Kvåle Rue

Harald Fairhair – Harald Hårfagre

Born ca. 860, died ca. 932
Son of King Halfdan the Black and Ragnhild Sigurdsdatter
Ruled ca. 875 – 932

Harald was one of many petty kings in Viking Age Norway. Snorri Sturluson writes in *Heimskringla* that one day Harald sent some of his men to a beautiful maiden named Gyda. They were to ask her if she would become Harald's mistress. Gyda replied that she was only interested in him if he became king of all of Norway! When Harald heard this, he decided to unite Norway into one kingdom. He would not cut his hair, he said, until the task was completed.

At Hafrsfjord, not far from where Stavanger lies today, Harald won the decisive battle. Now the kingdom was his and he could cut his long hair. After this, people called him Harald Fairhair.

Harald had a number of wives and many sons, and they helped him rule the land.

Harald var en av mange småkonger i vikingtidens Norge. Snorre Sturluson skriver i *Heimskringla* at Harald en dag sendte noen av mennene sine til ei vakker jente som het Gyda. De skulle spørre henne om hun ville bli Haralds kjæreste. Gyda svarte at hun bare var interessert i ham dersom han ble konge over hele Norge! Da Harald hørte dette, bestemte han seg for å samle Norge til ett rike, og sa at han ikke skulle klippe håret før det var fullført.

Ved Hafrsfjord, ikke langt fra der Stavanger ligger i dag, vant Harald det endelige slaget. Nå var riket hans og han kunne klippe det lange håret sitt. Etter dette kalte folk ham for Harald Hårfagre.

Harald hadde flere koner og fikk mange sønner, og de hjalp ham med å styre landet.

Eirik Bloodaxe – Eirik Blodøks

Born ca. 895, died ca. 954
Son of King Harald Fairhair and Ragnhild of Denmark
Ruled ca. 932 – 935

Eirik was the eldest of Harald's sons, and he succeeded his father as king. Eirik was big, strong, and bold. He could become very angry and be extremely cruel. He said little and had a difficult temperament.

Eirik's brothers also wanted power. They believed that they could be petty kings at the same time Eirik was king of the land. But Eirik did not like this. He was king, and only he! In order to put an end to the quarreling, Eirik slew many of his brothers. He was known thereafter as Eirik Bloodaxe. Eirik was not popular. When Haakon, his youngest brother, returned from England, the people wanted him as king, and Eirik had to flee the land.

Eirik later became king of Northumberland and resided in York. In the end, he was slain in battle on a Viking raid.

Eirik var den eldste av sønnene til Harald, og han ble konge etter faren sin. Eirik var stor, sterk og modig, men han kunne også bli fryktelig sint og være grusom. Han sa lite og hadde et vanskelig humør.

Brødrene til Eirik ville også ha makt, og de mente at de kunne være småkonger samtidig som Eirik var konge i landet. Dette likte ikke Eirik. Det var han som var konge, og bare han! For å få en slutt på denne kranglingen, drepte Eirik mange av brødrene sine. Etter dette fikk han tilnavnet Blodøks. Eirik var ikke populær, og da den yngste broren hans, Håkon, kom hjem fra England, ville folk heller ha ham til konge. Eirik måtte flykte fra landet.

Senere ble Eirik konge over Northumberland og bodde i York. Til slutt falt han i kamp på en vikingferd.

Haakon the Good – Håkon den Gode

Born ca. 920, died ca. 960
Son of King Harald Fairhair and Tora Mosterstang, a handmaid
Ruled ca. 935 – 960

When Haakon was little, he was sent to England, where he grew up at the court of King Athelstan. Here he received a good upbringing and became a Christian. At 15 years of age he returned home to Norway.

Haakon was elected king in place of Eirik, his unpopular brother. Eirik left for England, but his sons wished to gain power in Norway. They received support from Denmark and attacked Haakon. Because of these battles, a separate defense system was organized along the coast. It was called *Leidangen*.

Haakon wanted to introduce Christianity, but in Norway, belief in the Norse gods, Woden, Thor, and Frey, was strong. Most people were not interested in the new religion. Haakon was nonetheless a friendly and popular king, and there was peace and prosperity in the land during his reign.

———————

Da Håkon var liten, ble han sendt til England hvor han vokste opp hos kong Adalstein. Her fikk han en god oppvekst og ble en kristen. Femten år gammel kom han hjem igjen til Norge.

Håkon ble valgt til konge i stedet for den upopulære broren Eirik. Eirik reiste til England, men sønnene hans ønsket å få makten i Norge. De fikk støtte fra Danmark og angrep Håkon. På grunn av disse kampene, ble det organisert et eget forsvar langs kysten. Dette forsvaret ble kalt *Leidangen*.

Håkon ville innføre kristendommen, men i Norge var troen på de norrøne gudene, Odin, Tor og Frøy sterk, og folk flest var ikke interessert i den nye religionen. Likevel var Håkon en vennlig og populær konge. I hans dager var det fred og framgang i landet.

Harald Graycloak – Harald II Gråfell

Born ca. 935, died 970
Son of King Eirik Bloodaxe and Gunnhild
Ruled ca. 960 – 970

When Haakon the Good died, the sons of Eirik Bloodaxe assumed power in Norway. Harald was the most powerful of them. The brothers were brave and strong, but also cruel and miserly. Each of them had his own band of warriors, whom the populace had to support. The laws were harsh for common people, but not for Eirik's sons. Times were hard.

Harald was often in the north of Norway, and he collected taxes from the Sami people there. He sailed on Viking raids all the way to the White Sea east of the Kola Peninsula. Harald often wore a cloak of gray fur, and so he became known as Graycloak.

When Harald gained power, he had received help from the Danish king, but they soon became enemies. Harald was slain on one of his journeys to Denmark.

Da Håkon den Gode var død, tok sønnene til Eirik Blodøks makten i Norge. Harald var den mektigste av dem. Brødrene var modige og sterke, men også grusomme og gjerrige. Hver av dem hadde sin egen flokk med krigere som folket måtte fø på. Lovene var strenge for vanlige folk, men ikke for Eiriksønnene. Det var dårlige tider.

Harald var mye i Nord-Norge og han tok skatt av samene der. Han seilte på vikingferd helt til Kvitesjøen, øst for Kolahalvøya. Harald var gjerne kledd i en kappe av grå pels og slik fikk han tilnavnet Gråfell.

Da Harald kom til makten hadde han fått hjelp av den danske kongen, men de ble snart uvenner. Harald ble drept på en av reisene sine til Danmark.

Olaf I Tryggvason – Olav I Tryggvason

Born 968, died 1000
Son of Tryggve Olavsson and Astrid Eiriksdatter
Ruled 995 – 1000

When Olaf was small, his mother fled east with the boy, away from his father's murderers. On the way, they were attacked by Vikings, and Olaf was sold into slavery in Estonia. An uncle of Olaf discovered him there and bought the boy's freedom. From Estonia he came to the court of the Russian king, where he lived until his adult years. Olaf went on many Viking raids. Later, he was christened in England, from where he returned to Norway and became king.

Olaf was strong, handsome, and brave. Snorri Sturluson says that he could hurl two spears simultaneously and juggle three swords. While his men rowed, Olaf could balance on the oars outside the ship!

He had many friends, one of them Leif Eriksson, who later discovered America. But the king also made enemies by forbidding them to worship the Norse gods. Now they were supposed to believe in the White Christ, and figures of Woden and Thor were to be removed. Olaf died in the naval battle at Swold.

Da Olav var liten, flyktet moren østover med gutten, bort fra farens drapsmenn. På veien ble de overfalt av vikinger, og Olav ble solgt som slave i Estland. En onkel av Olav oppdaget ham der og kjøpte gutten fri. Fra Estland kom han til den russiske kongen hvor han bodde til han ble voksen. Olav dro på mange vikingtokter. Han ble senere døpt i England og reiste derfra til Norge og fikk kongsmakten.

Olav var sterk, vakker og modig. Snorre Sturluson sier at han kunne kaste to spyd samtidig og sjonglere med tre sverd. Når mennene hans rodde, kunne Olav balansere på årene på utsiden av skipet!

Han hadde mange venner, en av dem var Leiv Eriksson, som senere oppdaget Amerika. Men kongen fikk også uvenner fordi han forbød dem å dyrke de norrøne gudene. Nå skulle de tro på Kvite-Krist, og figurer av Odin og Tor skulle bort. Olav døde i sjøslaget ved Svolder.

Saint Olaf II – Olav II den Hellige

Born 995, died 1030
Son of Harald Grenske and Åsta Gudbrandsdatter
Ruled 1015 – 1028

When Olaf Haraldsson was only 12 years old, he received his own ship from Sigurd Syr, his foster father. Olaf went on many Viking raids and took part in the attack on London, where his men tore down the bridge over the Thames. The song "London Bridge Is Falling Down" remembers this event.

Olaf was christened in Normandy. Later, he returned home to Norway, where he was made king. He was the first ruler to gain complete control of the country. The king Christianized the people with a heavy hand and made many enemies.

Olaf was slain in the Battle of Stiklestad on July 29, 1030. In Snorri Sturluson's saga we read that many miracles occurred where the king's body lay. It was said that the king's hair and beard continued to grow, although he was dead. The people believed that Olaf must have been a holy man, and pilgrims began traveling to his grave in Trondheim. He became known as St. Olaf, and many churches bearing his name were built throughout Scandinavia.

Da Olav Haraldsson var bare 12 år, fikk han et eget skip av fosterfaren sin, Sigurd Syr. Olav dro på mange vikingtokter og var blant annet med på å angripe London. Olavs menn rev ned brua over Themsen. Sangen «London Bridge Is Falling Down» er til minne om denne hendelsen.

Olav ble døpt i Normandie, og reiste senere hjem til Norge hvor han ble konge. Han var den første regenten som fikk virkelig kontroll over hele landet. Kongen kristnet folket med hard hånd og fikk mange fiender.

Den 29. juli 1030 ble Olav drept i slaget på Stiklestad. I Snorre leser vi at det skjedde mange mirakler der liket til kongen lå. Det ble sagt at kongens hår og skjegg vokste selv om han var død. Folk mente da at Olav måtte ha vært en hellig mann. Pilegrimer begynte å reise til hans grav i Trondheim. Olav fikk tilnavnet Den Hellige og mange Olavskirker ble bygd rundt i Norden.

Svein Alfivason

Born ca. 1016, died 1035
Son of Knut the Powerful and Alfiva
Ruled 1030 – 1035

Canute the Great, king of England and Denmark, had been the most powerful of Olaf Haraldsson's enemies. After the Battle of Stiklestad, Canute had Svein, his son, proclaimed king of Norway, but in reality it was Alfiva, Svein's mother, who ruled. She made new, unpopular laws, and the people had to pay high taxes. Times were hard, with poor weather and little food.

Many thought that things had been better in the land when Olav Haraldsson was king. Svein made many enemies, and his right to rule was challenged.

St. Olaf's son, Magnus, was living in exile in Russia. Powerful men in Trøndelag now brought the boy home to Norway to make him king, and Svein, together with Alfiva, his mother, had to flee to Denmark.

Knut den mektige, konge over England og Danmark, hadde vært den mektigste av fiendene til Olav Haraldsson. Etter slaget på Stiklestad lot han sønnen sin, Svein, bli konge i Norge, men det var egentlig moren hans, Alfiva, som regjerte. Hun laget nye, upopulære lover og folk måtte betale høye skatter. Det var vanskelige tider, med dårlig vær og lite mat.

Mange tenkte at det hadde vært bedre i landet da Olav Haraldsson var konge. Svein fikk mange uvenner, og hans rett til å regjere ble utfordret.

I Russland bodde Olav den Helliges sønn Magnus i eksil. Mektige menn fra Trøndelag hentet nå gutten hjem til Norge for å gjøre ham til konge. Svein måtte da rømme til Danmark sammen med moren sin, Alfiva.

Magnus I the Good – Magnus I den Gode

Born 1024, died 1047
Son of St. Olaf and Alvhild, a handmaid
Ruled 1035 – 1047

St. Olaf's son, Magnus, had been named for Emperor Charles the Great—Charlemagne in French. Magnus was brought home from Russia by Kalv Arnesson and Einar Tambarskjelve, two noblemen who became his counselors. Magnus was but 12 years old when he became king.

When the Danish king, Harthacanute (Knud the Hardy), died, Magnus was also made king of Denmark. Later, Denmark was invaded by Wends, a people from Eastern Europe, and they came with an enormous army. Magnus took his battle-axe, Hel, which he had from his father, and he and his men met the enemy and defeated them. The people believed that St. Olaf had a hand in this victory.

Magnus was quick and skillful with weapons. He was kindly and knew how to talk to people. He became known as Magnus the Good. Magnus later shared the kingdom with Harald Hardruler, his uncle, and for this he received half his uncle's gold treasure.

Magnus, sønn til Olav den hellige, hadde fått navnet sitt etter keiser Karl den store, på fransk Karlamagnus. Magnus ble hentet hjem fra Russland av stormennene Kalv Arnesson og Einar Tambarskjelve. Disse to ble hans medhjelpere. Magnus ble konge bare 12 år gammel.

Da den danske kongen Horda-Knut døde, ble Magnus konge også i Danmark. Senere ble Danmark invadert av vendere, et folk fra Øst-Europa, og de kom med en enorm hær. Magnus tok da øksa si Hel som han hadde etter faren sin, og sammen med mennene sine møtte han fienden og slo dem. Folk mente at St. Olav sto bak denne seieren.

Magnus var rask og flink med våpen. Han var vennlig og visste hvordan han skulle tale til folk. Han fikk tilnavnet Den Gode. Magnus delte senere kongeriket med sin onkel, Harald Hardråde, og for dette fikk han halvparten av onkelens gullskatt.

Harald III Hardruler – Harald III Hardråde

Born 1015, died 1066
Son of Sigurd Syr and Åsta, widow of Harald Grenske
Ruled 1046 – 1066

Harald had taken part in the Battle of Stiklestad and fought alongside King Olaf. Following the defeat there, he fled to Constantinople, where he led the Scandinavian mercenaries and had great success in war. He became a very wealthy man. After many years, he returned to Norway, and on the way north, he married Ellisiv, a Russian princess.

When he came home, he shared the kingdom with Magnus, his nephew, but later he gained sole power. Harald was a brutal king and suppressed all who tried to protest. He was therefore called Harald Hardruler.

Norway and Denmark were at war, and Harald founded Oslo to make it easier to defend the country against the Danes. In 1066 he invaded England to seize power there, but he was defeated in the Battle of Stamford Bridge.

Harald hadde vært med i slaget på Stiklestad i 1030 og kjempet sammen med kong Olav. Etter tapet der, flyktet Harald til Konstantinopel. Her ledet han de nordiske leiesoldatene og hadde stor suksess i krig. Han ble en svært rik mann. Etter mange år reiste han tilbake til Norge, og på vei nordover giftet han seg med den russiske prinsessen Ellisiv.

Da han kom hjem, delte nevøen Magnus kongeriket med ham, men senere fikk Harald all makten selv. Harald var en brutal konge, og han slo ned alle som prøvde å protestere. Derfor ble han kalt Harald Hardråde.

Det var ufred mellom Norge og Danmark og Harald grunnla Oslo for at det skulle bli lettere å forsvare landet mot danskene. I 1066 seilte han mot England for å ta makten der, men han ble slått i slaget ved Stamford bru.

Magnus II Haraldsson

Born 1048, died 1069
Son of Harald Hardruler and Tora Torbergsdatter
Ruled 1066 – 1069

When Harald Hardruler sailed to England, he took along Olaf, his son. His other son, Magnus, was left at home in Norway to govern the land. After their father was slain in battle, Magnus and Olaf shared power in Norway between themselves.

Then Svein, the Danish king, demanded to be made king of Norway, and he threatened to wage war against the two brothers if they did not relinquish their power. Magnus was a skillful seaman, having received his own ship at a young age. Harald's sons now mobilized their fleet of warships to defend the land. When Svein understood this, he became frightened and asked for peace.

Magnus reigned for only three years before he became ill and died.

―――――――――

Da Harald Hardråde dro til England, tok han med seg sønnen Olav. Den andre sønnen, Magnus, var hjemme i Norge og styrte landet. Etter at faren deres var falt, delte Magnus og Olav makten mellom seg i Norge.

Den danske kongen, Svein, krevde å bli konge i Norge også, og han truet de to brødrene med krig hvis de ikke ga fra seg makten. Magnus var en dyktig sjømann og hadde tidlig fått sitt eget skip. Nå mobiliserte Haraldsønnene krigsflåten sin for å forsvare landet. Da Svein forsto dette, ble han redd og ba om fred.

Magnus fikk bare være konge i tre år før han ble syk og døde.

Olaf III the Gentle – Olav III Kyrre

Born ca. 1050, died 1093
Son of Harald Hardruler and Tora Torbergsdatter
Ruled 1067 – 1093

Olaf continued to reign as sole king after his brother's death. Olaf was not a warrior; he was more interested in religion and books. He was the first Norwegian king who we know for certain could read. Because Olaf was a quiet and gentle man, he was called *Kyrre*, which means *the Gentle*. The king was handsome to look at; he had long, silk yellow hair and beautiful eyes, and he wore clothes influenced by fashions abroad.

Olaf became friends with many of his father's old enemies: William the Conqueror, Svein Estridssøn, the Danish king, and the Bishop of Bremen. Trade increased with other countries while Olaf ruled, and he established commercial towns, among them, Bergen. The construction of the Nidaros Cathedral began during his reign. Olaf the Gentle also helped establish the *Gulatingslov*, a legal code that applied to western Norway.

Olav Kyrre fortsatte som konge alene etter at broren Magnus var død. Olav var ingen kriger, men mer opptatt av religion og bøker. Han er den første norske kongen som vi vet helt sikkert kunne lese. Olav var en stille og mild mann, og derfor fikk han tilnavnet *Kyrre*, som betyr *den milde*. Kongen var flott å se til; han hadde langt, silkegult hår og vakre øyne, og han gikk med klær som var inspirert av moten i utlandet.

Olav ble venner med mange av farens gamle fiender: Vilhelm Erobreren, danskekongen Svein Estridssøn og biskopen i Bremen. Mens Olav regjerte, økte handelen med andre land, og han grunnla flere handelsbyer, blant annet Bergen. Under hans styre begynte byggingen av katedralen Nidarosdomen. Olav Kyrre var også med på å lage Gulatingsloven, en lov som gjaldt for Vestlandet.

Magnus III Barelegs – Magnus III Berrføtt

Born 1073, died 1103
Son of King Olaf III the Gentle and Tora Jonsdotter
Ruled 1093 – 1103

Magnus was called Barelegs because he went bare-legged beneath his tunic. Another name well suited for this king was Magnus the Fighter, for he fought against enemies both at home and abroad. In Sweden, he demanded the return of Norwegian land, which led to a bitter conflict. A peace treaty was finally drafted in the town of Konghelle. Then Magnus married Margrete, the daughter of the Swedish king.

In 1098 he sailed west with 5,000 men. He wanted to strengthen Norwegian sovereignty in the Orkney Islands, the Hebrides, and on the Isle of Man. Yet this was not enough for King Magnus. He wanted more land, and so he sailed with his men to Ireland and conquered Dublin. But he was slain returning to Norway, only 30 years old. King Magnus himself had said: "Better to have a brave king than an old king!"

Magnus fikk tilnavnet Berrføtt fordi han gikk med nakne legger under kjortelen sin. Et annet navn som passet godt på denne kongen var Strids-Magnus, for han sloss mot fiender både ute og hjemme. I Sverige krevde han å få tilbake norsk skatteland, og striden ble hard. Men i byen Konghelle ble det laget en fredsavtale, og Magnus giftet seg med Margrete, datteren til den svenske kongen.

I 1098 seilte han vestover med 5000 mann. Nå ville han styrke norsk suverenitet på Orknøyene, Suderøyene og Man. Men dette var ikke nok for kong Magnus. Han ville ha mer land. Sammen med mennene sine, seilte han nå mot Irland og erobret Dublin, men på vei hjem til Norge ble kongen drept, bare 30 år gammel. Kong Magnus hadde selv sagt: «Konge skal en ha til ære, og ikke til langt liv!»

Eystein I Magnusson – Øystein I Magnusson

Born 1088, died 1123
Son of Magnus III Barelegs and an unknown woman of low rank
Ruled 1103 – 1123

Both Eystein and Sigurd, his brother, became kings after the death of their father. They did not have the same mother, and they were different in many ways. While Sigurd traveled to other lands, Eystein remained in Norway and organized building projects. He decreed that churches and monasteries were to be built throughout the land. A royal hall was built in Bergen. Huts for travelers were built in the Dovre Mountains, and harbors for ships were established along the coast. The fishermen in the Lofoten Islands could now live in shanties, and boathouses were constructed in Trøndelag. Large ships were built during this period, and seamarks were erected, making it safer to sail along the coastline.

Eystein was a popular and friendly king. Snorri Sturluson writes that he was wise and knew the laws well. And he was handsome, with large blue eyes and blond, curly hair.

Øystein og broren Sigurd ble begge konger etter farens død. De hadde ikke samme mor, og de var ulike på mange måter. Mens Sigurd dro på reiser til andre land, var Øystein igjen i Norge og organiserte byggeprosjekter. Han bestemte at det skulle bygges kirker og klostre rundt om i landet. I Bergen ble det bygd en kongshall. På Dovrefjell ble det bygd fjellhytter, og langs kysten ble det laget havner for skip. Fiskerne i Lofoten kunne nå bo i rorbuer, og i Trøndelag satte man opp båthus. I denne perioden ble det bygd store skip, og sjømerker ble satt opp slik at det ble tryggere å seile langs land.

Øystein var en populær og vennlig konge. Snorre Sturluson skriver at han var klok og kjente lovene godt. Han var også vakker og hadde store blå øyne, og lyst, krøllete hår.

Sigurd I the Crusader – Sigurd I Jorsalfar

Born 1090, died 1130
Son of Magnus III Barelegs and Tora, an English captive of high rank
Ruled 1103 – 1130

During Sigurd's reign, there were battles between Muslims and Christians in Europe and the Middle East. Both sides fought over the city of Jerusalem, and Sigurd wanted to take part in this conflict. In 1107, he sailed south from Norway with 60 ships. Along the coast of Spain and Portugal the Norwegians fought several battles against the Moors. They plundered pirate ships in the Mediterranean Sea and attacked everyone who was not Christian.

When Sigurd's men reached Israel, they fought on the side of the Crusaders. They took the city of Sidon, and, in reward for this, Sigurd received a precious sacred relic from the king in Jerusalem—a splinter from Christ's cross.

Then Sigurd and his troops sailed toward Constantinople. For 14 days they waited outside the city for favorable winds. Then they sailed in toward the harbor with sails billowing! Most of the Norwegians remained there and enlisted as Byzantine mercenaries. After this journey, Sigurd was known as *Jorsalfar*, the Jerusalem-Traveler.

På Sigurds tid var det kamper mellom muslimer og kristne i Europa og Midt-Østen. Begge parter slåss om byen Jerusalem og i denne kampen ville Sigurd være med. I 1107 seilte han sørover med 60 skip fra Norge. Langs kysten av Spania og Portugal kjempet nordmennene flere slag mot maurerne. I Middelhavet plyndret de sjørøvere, og angrep alle som ikke var kristne.

Da Sigurds menn kom fram til Israel, kjempet de på korsfarernes side. De tok byen Sidon, og som takk for dette, fikk Sigurd en kostelig relikvie av kongen i Jerusalem. Det var en flis av Kristi kors.

Så seilte Sigurd og hans mannskap mot Konstantinopel. De ventet i 14 dager utenfor byen på at vinden skulle blåse fra den rette siden. Da seilte de inn mot havnen slik at seilene viste seg fra sin beste side! De fleste nordmennene ble igjen og vervet seg som byzantiske leiesoldater. Etter denne reisen fikk Sigurd tilnavnet Jorsalfar, Jerusalemsfareren.

Magnus IV the Blind – Magnus IV Blinde

Born 1115, died 1139
Son of Sigurd I the Crusader and Borghild from Dal
Ruled 1130 – 1135

Magnus Sigurdsson had no brothers and looked forward to becoming king of the land. He was handsome and manly, but fond of money and strong drink.

From Ireland there now came a dangerous man, Harald Gille, who said he was the son of Magnus Barelegs. He believed he had the same right to become king as Magnus Sigurdsson. The quarrel between Harald and Magnus was the beginning of a civil war that was to last for a hundred years.

Magnus managed to drive Harald from the land, but Harald soon returned with Danish warriors. They took Magnus captive, and to prevent him from once again becoming king, they put out his eyes, cut off one of his feet, and castrated him. Poor Magnus was then sent to a monastery on Munkholmen, an island outside Trondheim.

Magnus Sigurdsson hadde ingen brødre, og så fram til å bli konge i landet. Han var vakker og mandig, men svært glad i penger og sterk drikke.

Fra Irland kom det nå en farlig mann, Harald Gille, som sa at han var sønn av Magnus Berrføtt. Han mente at han hadde like stor rett til å bli konge i landet som Magnus Sigurdsson. Striden mellom Harald og Magnus ble begynnelsen til en borgerkrig som skulle vare i hundre år.

Magnus klarte å jage Harald ut av landet, men Harald kom snart tilbake med danske krigere. De tok Magnus til fange. For å hindre at han kunne bli konge igjen, stakk de ut øynene hans, kuttet av den ene foten og kastrerte ham. Den stakkars Magnus ble så sendt til et kloster på Munkholmen, ei øy utenfor Trondheim.

Harald IV Gilchrist – Harald IV Gille

Born 1103, died 1136
Son of King Magnus Barelegs and an Irish woman
Ruled 1130 – 1136

When Harald Gilchrist came to Norway, he claimed to be the son of Magnus Barelegs. To prove his claim, he had to submit to an ordeal: He had to walk over red-hot pieces of iron. If, after one week, his feet were unburned, he had told the truth. Snorri Sturluson relates that Harald's feet were uninjured. But Harald had to pledge that he would not make a claim to the throne while Sigurd the Crusader or Magnus Sigurdsson was alive.

Harald once told about some men in Ireland who could run as fast as horses. Magnus then demanded that Harald run a race with his horse. If Harald won, he would receive a gold ring. If he lost, he would lose his head! After three laps around the track, Harald won the gold ring.

Harald did not keep his promise. He assumed power in the land with the help of Danish warriors. They took Magnus captive and maimed him. But Harald was slain one year later, while he lay in bed with his mistress.

Da Harald Gille kom til Norge, hevdet han å være sønn av Magnus Berrføtt. For å bevise dette måtte han gjennom en prøve: Han måtte gå på glødende jern. Hvis føttene var uten sår etter en uke, hadde han snakket sant. Snorre Sturluson forteller at føttene til Harald var like fine etterpå! Harald måtte likevel love at han ikke skulle kreve å bli konge mens Sigurd Jorsalfar eller Magnus Sigurdsson levde.

En gang fortalte Harald om noen menn i Irland som kunne springe like fort som hester. Magnus krevde da at Harald skulle kappspringe med hesten hans. Hvis Harald vant, skulle han få en gullring. Hvis han tapte, skulle han miste hodet! Etter tre runder på løpebanen vant Harald gullringen.

Harald holdt ikke løftet sitt, men tok makten i landet med hjelp fra danske krigere. De tok Magnus til fange og mishandlet ham. Men bare ett år senere, ble Harald drept mens han lå i sengen sammen med elskerinnen sin.

Sigurd II Mouth – Sigurd II Munn

Born 1133, died 1155
Son of King Harald IV Gilchrist and Tora Guttormsdatter
Ruled 1137 – 1155

Sigurd was 3 years old when he, together with his brother, became king of Norway. They kept together as children and shared the same bodyguards. Wise men helped them rule. When Sigurd grew older, he became wild and undisciplined, and very fond of girls. He and Inge, his brother, began to quarrel, and soon open warfare broke out between the brothers.

Once, when Sigurd was traveling with his men, they came to a farm. There he heard a woman singing so beautifully. Sigurd went in and found a servant girl. He slept with her immediately, then continued on his way. The girl conceived and bore Sigurd a son. The boy became known as Haakon the Broadshouldered.

Sigurd had in all seven children, each with a different woman. He never married. He was big and strong and a skillful speaker, but because he had a foul mouth, he was called Sigurd Mouth.

Bare 3 år gammel ble Sigurd konge i Norge sammen med broren sin. De holdt sammen som barn og hadde felles livvakter. Kloke menn hjalp dem å styre. Da Sigurd ble eldre, ble han en villstyring og svært glad i jenter. Han og broren Inge begynte etterhvert å krangle og snart brøt det ut åpen strid mellom brødrene.

En gang Sigurd var på reise med mennene sine kom de til en gård. Der hørte han en kvinne som sang så vakkert. Sigurd gikk inn og traff ei tjenestejente. Han lå straks med henne, og dro deretter videre. Jenta var blitt gravid og fødte Sigurd en sønn. Gutten fikk navnet Håkon Herdebrei.

Sigurd fikk i alt sju barn, alle med forskjellige kvinner, men han giftet seg aldri. Han var stor og sterk, og flink til å tale, men fordi han hadde en stygg munn, fikk han kallenavnet Sigurd Munn.

Inge I the Hunchback – Inge I Krokrygg
Born 1135, died 1161
Son of King Harald IV Gilchrist and Ingerid of Sweden
Ruled 1137 – 1161

Inge was only 2 years old when he became monarch. Because he was king, the people expected him to take part in combat, though he was a child. In one bloody battle near Lake Mjøsa, the boy was injured for the rest of his life. One of his legs became shorter than the other. He was not able to walk with a straight back, but rather was bent like a hook. He was therefore called Inge the Hunchback. Inge was a kindly man, who thought of others besides himself. He was a popular king.

Inge came into conflict with both of his brothers, Sigurd and Eystein. In this struggle he received considerable help from two powerful men: Gregorius Dagsson and Erling Skakke. But there was no peace for Inge, even when his brothers were dead. Haakon the Broadshouldered, Sigurd's eldest son, claimed the throne. A struggle ensued between Haakon and Inge, and Inge died in 1161 in a battle on the ice outside Oslo.

Inge var bare 2 år da han ble monark. Fordi han var konge, forventet folk at han var med i kamp selv om han bare var et barn. I et blodig slag ved Mjøsa ble gutten skadet for resten av livet. Det ene benet ble kortere enn det andre. Han kunne ikke gå med rett rygg, men gikk bøyd som en krok; derfor fikk han tilnavnet Krokrygg. Inge var en vennlig mann som hadde tanke for andre enn seg selv, og han var en populær konge.

Inge kom i strid med begge brødrene sine, Sigurd og Øystein. I kampen fikk han god hjelp av to mektige menn: Gregorius Dagsson og Erling Skakke. Men selv da brødrene var døde, fikk ikke Inge fred. Sigurds eldste sønn, Håkon Herdebrei, krevde nå å bli konge. Det ble kamp mellom ham og Inge, og Inge døde i et slag på isen utenfor Oslo i 1161.

Eystein II Haraldsson – Øystein II Haraldsson

Born 1125, died 1157
Son of King Harald IV Gilchrist and Beathach, a Celtic mistress
Ruled 1142 – 1157

Eystein, the son of Harald Gilchrist, came to Norway from Scotland when he was 17 years old. He became king together with his half brothers, Sigurd Mouth and Inge the Hunchback, but these three quickly became enemies. Eystein did not understand how to conduct himself as king. He plundered and looted wherever he went, both in Norway and abroad, and the gold that he stole he kept for himself. Eystein was therefore not popular, not even among his own men.

After Sigurd Mouth died, Eystein and Inge sailed toward each other to engage in a sea battle. Inge came from the south with 80 ships, Eystein from the north with 45 ships. When Eystein's men saw Inge's large fleet approaching, they became frightened. They did not want to risk their lives and fled ashore. They said to Eystein, "Now let your chests of gold support you and defend your land!" Some hours later Eystein was overtaken by Inge's men and slain.

Øystein, sønn av Harald Gille, kom til Norge fra Skottland da han var 17 år. Han ble konge sammen med halvbrødrene sine, Sigurd Munn og Inge Krokrygg, men de tre ble fort uvenner. Øystein forsto ikke hvordan han burde oppføre seg som konge. Han plyndret og røvet der han kom, både i Norge og i utlandet, og gullet som han stjal beholdt han selv. Øystein var derfor ikke populær, selv blant sine egne menn.

Da Sigurd Munn var død, seilte Øystein og Inge mot hverandre for å holde sjøslag. Inge kom sørfra med 80 skip, Øystein fra nord med 45 skip. Da Øysteins mannskap så Inges store flåte komme mot seg, ble de redde. De ville ikke risikere livet og rømte inn på land. Til Øystein sa de: «La nå gullkistene følge deg og forsvare landet ditt!» Noen timer senere ble Øystein innhentet av Inges menn og drept.

Haakon II the Broadshouldered – Håkon II Herdebrei

Born 1147, died 1162
Son of Sigurd II Mouth and Tora, a servant girl
Ruled 1157 – 1162

Haakon was the son of Sigurd Mouth and the servant girl who had sung so beautifully as the king was passing. He grew up to be a handsome lad on the farm of Simon Torbergsson. He was tall and slender with broad shoulders and was therefore known as Haakon the Broadshouldered.

After King Eystein died, his men wanted Haakon, his nephew, as king. But King Inge was a dangerous enemy, and Haakon and his troops had to flee to Sweden. From there they went to Trøndelag and won the support of the people. Inge gathered together his army and marched against Haakon. There were a number of battles, and time after time, Haakon had to flee. But he always returned, stronger than before, and in the end he defeated Inge.

Now Haakon was king of Norway. But Erling Skakke, one of King Inge's old friends, enlisted the help of Denmark and slew Haakon in a sea battle in Romsdal Fjord.

―――――――――

Håkon var sønnen til Sigurd Munn og tjenestejenta som sang så vakkert på gården der kongen kom forbi. Han vokste opp hos bonden Simon Torbergsson og ble en vakker gutt. Han var høy og slank og var brei over skuldrene. Derfor kalte folk ham Håkon Herdebrei.

Da kong Øystein var død, ville mennene hans ha nevøen Håkon som konge. Men kong Inge var en farlig fiende, og Håkon og flokken hans måtte flykte til Sverige. Herfra dro de til Trøndelag, og fikk folket der med seg. Inge samlet igjen hæren sin og gikk mot Håkon. Det ble flere kamper mellom dem. Håkon måtte flykte gang etter gang, men kom alltid sterkere tilbake og vant til slutt over Inge.

Nå var Håkon konge i Norge. Men en av kong Inges gamle venner, Erling Skakke, fikk hjelp fra Danmark og drepte Håkon i et sjøslag i Romsdalsfjorden.

Magnus V Erlingsson

Born 1156, died 1184
Son of Earl Erling Skakke and Kristin,
the daughter of King Sigurd I the Crusader
Ruled 1161 – 1184

Magnus was the first king of Norway to be crowned by the Church. This took place in Bergen in 1163. Magnus was only 8 years old, and although he was not the son of a king, he was the son of the powerful Erling Skakke. Because Erling Skakke was not of the lineage of Harald Hårfagre, he arranged this ceremony with the bishop. The Church now supported Magnus as king.

After this, there was peace for some years in the land. All unrest was suppressed by Erling Skakke, right up until the Birchlegs arrived. The Birchlegs were tough warriors. They wrapped birch bark around their legs when their shoes and clothing were worn, and they fought with an utter contempt for death. Their leader was Sverre Sigurdsson. Sverre and his men engaged Magnus in battle, and in 1184 the king fell in the Battle of Fimreite on Sogndal Fjord. Two thousand of the land's most powerful men died with him.

Magnus var den første kongen i Norge som ble kronet av kirken. Dette skjedde i Bergen i 1163. Magnus var bare 8 år og ingen kongssønn, men derimot sønn av den mektige Erling Skakke. Fordi Erling Skakke selv ikke var i slekt med Harald Hårfagre, avtalte han denne seremonien med biskopen. Kirken støttet nå Magnus som konge.

Etter dette ble det fred i landet noen år. All uro ble slått ned av Erling Skakke, helt til birkebeinerne kom. Birkebeinerne var tøffe krigere. De bandt bjørkenever rundt leggene når sko og klær var slitt ut, og kjempet med dødsforakt. Lederen deres var Sverre Sigurdsson. Sammen med mennene sine gikk han mot Magnus, og i 1184 falt kongen i slaget ved Fimreite i Sogndalsfjorden. Med ham døde to tusen av landets mektigste menn.

Sverre Sigurdsson

Born ca. 1150, died 1202
Son of King Sigurd II Mouth and Gunhild
Ruled 1177 – 1202

Sverre was born in Norway, but he came to the Faeroe Islands with his mother at an early age. Sverre studied under the tutelage of the bishop, for he was to become a priest. But as an adult he learned that he was the son of Sigurd Mouth, and so he left for Norway to try to claim the crown.

Sverre became the leader of the Birchlegs and challenged King Magnus. He was a skillful speaker, and his men felt strong and secure when they went into battle with him. Whenever the Birchlegs hid in the forest or crossed high mountains, Sverre gave them courage. He was a good strategist and won battle after battle. After fighting for seven years, Sverre became king and the Birchlegs the new aristocracy in Norway.

But the Church was against King Sverre and continued the struggle, with the support of the Bagler warriors, led by the Bishop of Oslo. Sverre had to battle against these groups for the rest of his life. Later, the Pope excommunicated Sverre, and the bishops went into exile.

Sverre ble født i Norge, men kom tidlig til Færøyene sammen med moren sin. Sverre skulle bli prest og gikk i lære hos biskopen. Men som voksen fikk han vite at han var sønn til Sigurd Munn, og han dro da til Norge for å prøve å bli konge.

Sverre ble leder for birkebeinerne og utfordret kong Magnus. Sverre var en god taler og mennene hans kjente seg sterke og trygge når de gikk i kamp sammen med ham. Når birkebeinerne gjemte seg i skoger, eller krysset høye fjell, holdt Sverre motet deres oppe. Han var en god strateg og vant slag etter slag. Etter sju år med kamp, ble Sverre konge og birkebeinerne det nye aristokratiet i Norge.

Men kirken var i mot kong Sverre, og fortsatte kampen. Sammen med dem sto bagler-krigerne, ledet av biskopen i Oslo. Sverre måtte kjempe resten av livet mot disse gruppene. Paven lyste Sverre i bann og biskopene reiste fra landet.

Haakon III Sverresson

Born 1170, died 1204
Son of King Sverre Sigurdsson and an unknown woman
Ruled 1202 – 1204

Sverre's son, Haakon, was a brave warrior and fought alongside his father in a number of battles against the Baglers. Right before Sverre died, he declared that Haakon was his only son. He hoped thereby to prevent more confusion and civil war. Sverre greatly wished that the king and the Church could once again stand together. In a letter to his son, Sverre asked Haakon to bring the bishops back to Norway, and when Haakon became king, there was peace between the Crown and the Church. The Bagler Party laid down its weapons.

Haakon, who was both handsome and a skillful speaker, became a popular king, but his reign was short. He fell ill and died during Christmas, 1203. People said that Margaret, his stepmother, had poisoned him. Forced to flee, she returned to her native land, Sweden.

Sverres sønn, Håkon, var en modig kriger og sto sammen med faren i flere kamper mot baglerne. Like før Sverre døde, erklærte han at Håkon var hans eneste sønn. Slik ville han forhindre mer forvirring og borgerkrig. Sverre ønsket sterkt at kongen og kirken igjen kunne stå sammen. I et brev til sønnen ba Sverre Håkon om å få biskopene tilbake til Norge, og da Håkon ble konge, ble det fred mellom kongemakt og kirke. Baglerpartiet la ned våpnene.

Håkon, som var både vakker og flink til å tale, ble en populær konge, men hans regjeringstid ble kort. Julen 1203 ble han syk og døde. Folk sa at stemorens hans, Margrete, hadde forgiftet ham. Hun måtte flykte og dro tilbake til hjemlandet sitt, Sverige.

Inge II Bårdsson

Born 1185, died 1217
Son of Bård Guttormsson and Cecilia, daughter of King Sigurd II Mouth
Ruled 1204 – 1217

When Haakon died, there was again uncertainty who should become king. Sigurd Mouth's daughter, Cecilia, had two sons: Inge Bårdsson and Haakon Galen. The farmers wanted Inge as king, but the king's warriors wanted Haakon. Then, representatives of the Bagler Party came forward and said they preferred to have one of their own men as king. This situation created a conflict and led to war. The land was divided into three parts among Inge, Haakon, and the Bagler King.

One night in 1206, King Inge lay in bed in a house on Trondheim Fjord. He had had a great deal to drink and was sleeping with his mistress. Suddenly the Baglers appeared! Inge climbed onto the roof wearing only his nightshirt and jumped down into the cold water. He swam a long time before managing to reach the other side. After this, the king's health was poor, and he spent little time with the people. He liked best to be on his ships. Nonetheless, in the end, he became absolute monarch of the land, and Haakon Galen and the Bagler King became his earls.

Da Håkon døde, var det igjen usikkert hvem som skulle bli konge. Sigurd Munns datter Cecilia hadde to sønner: Inge Bårdsson og Håkon Galen. Bøndene ville ha Inge til konge, men kongens krigere ville ha Håkon. Så sto Baglerpartiet fram og sa at de heller ville ha en av sine menn til konge. Denne situasjonen skapte konflikt og det ble krig. Landet ble delt i tre mellom Inge, Håkon og Baglerkongen.

En natt i 1206 lå kong Inge i et hus ved Trondheimsfjorden. Han hadde drukket mye og sov sammen med elskerinnen sin. Da kom baglerne! Inge klatret opp på taket i bare nattskjorten og kastet seg ned i det kalde vannet. Han svømte lenge før han klarte å komme over på den andre siden. Etter dette var kongens helse dårlig og han var lite sammen med folk. Han likte best å være om bord på skip. Likevel ble Inge til slutt enekonge i landet, og Håkon Galen og Baglerkongen ble hans jarler.

Haakon IV Haakonsson

Born 1204, died 1263
Son of King Haakon Sverresson and Inga from Varteig
Ruled 1217 – 1263

Haakon was born in Østfold a short time after his father's death. The Baglers controlled the region, and the Birchlegs feared for the boy's life. To lead the little prince to safety, two men crossed Dovre Mountain on skis with the boy. Haakon grew up in Trondheim at the court of King Inge.

Haakon became king at age 13. Inge's brother, Skule Jarl, became Haakon's counselor and helped the young king rule the land. But the relationship between them deteriorated over time. In 1239 Skule tried to usurp power from the king, but the following year he was slain.

Haakon remained king for many years, and this period, one of the best in the history of the realm, is called "Norway's Age of Greatness." Iceland and Greenland became part of Norway, and Haakon defended the Norwegian islands around Scotland and Ireland. In Bergen, he built Haakonshallen, and the Pope in Rome wanted him to become the new German-Roman emperor.

Håkon ble født i Østfold kort tid etter farens død. Her hadde baglerne kontrollen, og birkebeinerne var redde for livet til gutten. For å få den lille prinsen i sikkerhet, gikk to menn på ski over Dovrefjell med gutten. I Trondheim vokste Håkon opp hos kong Inge.

Håkon ble konge bare 13 år gammel. Inges bror, Skule Jarl, ble Håkons rådgiver og hjalp den unge kongen med å styre landet. Forholdet mellom dem ble etter hvert dårlig. I 1239 prøvde Skule å ta kongsmakten, men året etter ble han drept.

Håkon var konge i mange år, og denne perioden er en av de beste i rikets historie. Den blir kalt «Norges storhetstid». Island og Grønland ble nå en del av Norge, og Håkon forsvarte de norske øyene rundt Skottland og Irland. I Bergen bygde han Håkonshallen og paven i Roma ville ha ham til ny tyskromersk keiser.

Magnus VI Lawmender – Magnus VI Lagabøte

Born 1238, died 1280
Son of King Haakon Haakonsson and Margrete Skulesdatter
Ruled 1263 – 1280

Magnus Lawmender was a wise and peaceful man. His most important work was improving Norwegian law. Previously, Norway had had four different systems of law, but King Magnus created one common law for the entire kingdom. Punishments became less severe, poor people were to receive more assistance, and the state gained more control over the Church, the towns, and the aristocracy. This unified legal system functioned very well. It was used in Norway for nearly 400 years with virtually no changes. The name *Lagabøte* means one who mends laws.

The king had good contact with other Europeans lands. He sold the Hebrides and the Isle of Man to Scotland for a high price, and he defined a previous border between Norway and Sweden. When Magnus died, he was buried beneath the altar in the cathedral of Bergen.

Magnus Lagabøte var en rolig og klok mann. Det viktigste arbeidet han gjorde var å forbedre de norske lovene. Før hadde Norge hatt fire ulike lover, men kong Magnus laget én lov for hele landet. Straffene ble nå mindre strenge, fattige mennesker skulle få bedre hjelp og staten fikk mer kontroll over kirken, byer og aristokratiet. Denne landsloven fungerte svært godt. I nesten 400 år ble den brukt i Norge nesten uten forandringer. Navnet *Lagabøte* betyr en som bøter på lover.

Kongen hadde god kontakt med andre europeiske land. Øyene Hebridene og Man solgte han til Skottland for en høy pris. Han definerte en tydeligere grense mellom Norge og Sverige. Da Magnus døde, ble han begravd under alteret i domkirken i Bergen.

Eirik II the Priest-Hater – Eirik II Prestehater

Born 1268, died 1299
Son of King Magnus VI Lawmender and Ingeborg of Denmark

Ruled 1280 – 1299

Eirik was 12 years old when he became king, and the following year he wed a Scottish princess who was five years older. They had a daughter named Margaret. When Margaret grew up, she was to wed the Scottish prince, but the boat sank crossing the sea from Norway.

Eirik was not a strong king, either mentally or physically. When he was 15, he fell from his horse and was caught in the stirrup. He walked with a limp for the rest of his life.

Eirik's mother had a great deal of power, and, in practice, it was she and her counselors who ruled the land. They came in conflict with Jon Raude, the bishop, concerning the Church and the influence of the priests. Although Eirik himself was not actively involved in the conflict, he became known as Eirik the Priest-Hater. It was during this period that the conflict with the powerful German merchants of the Hanseatic League began.

Eirik ble konge da han var bare 12 år gammel, og året etter giftet han seg med en skotsk prinsesse som var fem år eldre. Sammen fikk de datteren Margrete. Da Margrete ble voksen, skulle hun gifte seg med den skotske prinsen, men på vei over havet fra Norge gikk båten ned.

Eirik var ingen sterk konge, verken mentalt eller fysisk. Da han var 15 år gammel, falt han av hesten sin og hang fast i stigbøylen. Resten av livet haltet han.

Moren til Eirik hadde mye makt, og i praksis var det hun og rådgiverne hennes som styrte landet. Disse kom i konflikt med biskopen Jon Raude om kirken og prestenes innflytelse. Selv om Eirik ikke var aktivt med i konflikten, fikk han tilnavnet Prestehater etter dette. I denne perioden begynte også konflikten med hanseatene, de mektige tyske handelsmennene.

Haakon V Longlegs – Håkon V Langbein

Born 1270, died 1319
Son of King Magnus VI Lawmender and Ingeborg of Denmark
Ruled 1299 – 1319

Eirik II Magnusson had no sons, so Haakon, his brother, now became king. The coronation took place in Oslo, and the city became the seat of government. Haakon built a number of fortresses during his reign—Akershus Fortress in Oslo, and Vardøhus fortress in Finnmark—as a defense against the Russians. He also built churches in the north and supported Christian mission work. Because of hostilities with Denmark and Sweden, fortresses were also built in the south and east.

Haakon was married to Queen Eufemia. They had a daughter, but no sons who could succeed their father as king. Before Haakon died, he said to his counselors that only Norwegians should be permitted to rule in Norway. But that is not the way it turned out. Haakon's son-in-law came from Sweden, and his son, Magnus Eriksson, became king of both Norway and Sweden. It was the beginning of the union between the two lands.

Eirik II Magnusson hadde ingen sønner. Derfor ble broren hans, Håkon, nå konge i landet. Kroningen skjedde i Oslo, og byen ble senter for landets administrasjon. Under Håkons styre fikk landet flere festninger. I Oslo bygde han Akershus festning, og i Finnmark Vardøhus festning, som forsvar mot russerne. I nord bygde han også kirker og han støttet kristen misjonsaktivitet. På grunn av ufred med Danmark og Sverige, ble det bygd festninger også i sør og øst.

Håkon var gift med dronning Eufemia. Sammen hadde de en datter, men ingen sønner som kunne bli konge etter faren. Før Håkon døde, sa han til de mektigste rådgiverne sine at bare nordmenn skulle kunne herske i Norge. Slik gikk det ikke. Håkons svigersønn kom fra Sverige, og hans sønn, Magnus Eriksson, ble konge over både Norge og Sverige. Nå begynte unionstiden.

Magnus VII Eriksson - Magnus VII Smek

Born 1316, died 1374
Son of Duke Erik of Sweden and Ingeborg of Norway
Ruled 1319 – 1355

Magnus Eriksson was crowned king of Norway and Sweden when he was only 3 years old. As an adult, his frequent conflicts with others led to many difficulties. He fought a war against Denmark. He had problems with the North German trading towns. And he embarked on an unsuccessful military campaign against Russia. All this was very expensive. The king soon had serious economic problems and had to borrow a great deal of money. In the end, he even pawned his own crown!

The people were dissatisfied with Magnus, both in Norway and Sweden. He tried to arrange for his sons to succeed him, one in each country, but his struggle with the Swedes continued. The king was taken captive and imprisoned for six years. Some believed he was homosexual and referred to him as *Smek*, a Swedish word meaning *fondling*. He drowned when his ship went down on its way to Bergen.

Magnus Eriksson ble kronet til konge over Norge og Sverige da han var bare 3 år gammel. Da han ble voksen, kom han ofte i konflikt med andre og fikk mange vanskeligheter. Han kom i krig med Danmark, han fikk problemer med de nordtyske handelsbyene og han dro på et mislykket krigstokt til Russland. Alt dette kostet dyrt. Kongen fikk store økonomiske problemer og måtte låne mange penger. Til slutt pantsatte han sin egen kongekrone!

Folk var misfornøyde med Magnus, både i Norge og Sverige. Han prøvde å innsette sønnene sine som tronfølgere i hvert sitt land, men striden med svenskene fortsatte. Kongen ble tatt til fange og satt i fengsel i seks år. Noen mente at han var homoseksuell, og derfor fikk han kallenavnet Smek. Han druknet da skipet hans gikk ned på vei til Bergen.

Haakon VI Magnusson

Born 1340, died 1380
Son of King Magnus VII Eriksson and Blanca of Namur
Ruled 1343 – 1380

When Haakon succeeded Magnus as king, the finances of the royal house were very bad. His father's foreign policy had cost a lot of money, and to make things worse, the Black Death now ravaged the land. According to Icelandic sources, approximately 75 percent of Norway's population died during this plague.

When Haakon's brother, Erik, died, Haakon was also designated king of Sweden. But a short time later Albrecht of Mecklenburg, a German, assumed power there. For the rest of his life, an impoverished King Haakon attempted to regain the throne in Sweden. He allied himself with the Danish king and married Margaret, the king's daughter, who later was to become very famous.

The royal house was in the middle of a serious economic crisis and was heavily in debt to members of the Hanse. The German merchants coerced King Haakon into granting them generous privileges.

Da Håkon tok over som konge etter Magnus, var økonomien i kongehuset svært dårlig. Farens utenrikspolitikk hadde kostet mange penger. Det ble ikke bedre da svartedauden kom til landet. Ifølge islandske kilder døde ca 75% av Norges befolkning i denne pesten.

Da Håkons bror Erik døde, ble Håkon utpekt som konge også i Sverige. Men kort tid etter fikk en tysker, Albrecht av Mecklenburg, kongemakten der. Resten av livet kjempet den fattige Håkon for å vinne tronen i Sverige. Han allierte seg med den danske kongen og giftet seg med datteren hans, Margrete, som senere skulle bli svært berømt.

Kongehuset var i alvorlig økonomisk krise, og hadde stor gjeld til hanseatene. De tyske handelsmennene tvang kong Håkon til å gi dem store privilegier.

Olav IV Haakonsson

Born 1370, died 1387
Son of King Haakon VI Magnusson and Margaret of Denmark
Ruled 1380 – 1387

Olaf was the only child of Haakon VI and Margaret and was named after Saint Olaf. He spent his first years in Akershus Castle, but when King Waldemar Atterdag, his maternal grandfather, died, he left for Denmark. He was elected Danish king, and at 10 years of age he became king of Norway as well. But, in practice, it was Margaret, his mother, who ruled in both lands. Norway was now in a union with Denmark, a union that would last until 1814.

Skåne, the south part of Sweden, was a region of conflict between Danes, Swedes, and members of the Hanse. While Olaf was there during the summer of 1387, he suddenly became ill and died at Falsterbro Castle. He was only 17. Following Olaf's death, a number of swindlers appeared, seeking power and claiming they were the young king!

Olav var det eneste barnet til Håkon VI og Margrete, og han fikk navnet etter helgenkongen St. Olav. De første årene bodde han på Akershus slott, men da morfaren, kong Valdemar Atterdag, døde, dro han til Danmark. Her ble han valgt til dansk konge, og bare 10 år gammel ble han konge også i Norge. I praksis var det moren hans, Margrete, som styrte i begge landene. Norge var nå i union med Danmark, en union som skulle vare helt til 1814.

Skåne, den sørlige delen av Sverige, var et konfliktområde mellom dansker, svensker og hanseater. Mens Olav var her sommeren 1387, ble han plutselig syk og døde på Falsterbro slott, bare 17 år gammel. Etter Olavs død dukket det opp flere svindlere som ønsket kongemakten og som påstod at de var den unge kongen!

Margaret I – Margrete I

Born 1353, died 1412
Daughter of King Waldemar IV of Denmark and Queen Helvig
Ruled 1388 – 1412

At 10 years of age, Princess Margaret was wed to Haakon VI of Norway. While her husband was away waging war, and while plague ravaged the land, Margaret sat as a poor queen in Akershus Castle.

When her father died, Olaf, her son, became king of Denmark and Norway. Following his death, Margaret became the ruler of both lands. When Albrecht was deposed as king of Sweden, she assumed power there as well. As Margaret was now childless, she brought Eric of Pomerania, the son of her niece, to her court and raised him to succeed her as ruler of Scandinavia.

Margaret was a strong woman and had a unique ability to govern. She succeeded in uniting Scandinavia into one kingdom in the Kalmar Union. No other monarch after her managed to do this.

———————

Ti år gammel ble den danske prinsessen Margrete gift med Håkon VI av Norge. Mens mannen var ute og kriget, og mens pest herjet i landet, satt Margrete som fattig dronning på Akershus slott.

Da faren hennes døde, ble sønnen Olav konge over både Danmark og Norge. Etter sønnens død ble hun selv regent i begge landene. Da kong Albrecht i Sverige måtte gå fra tronen, fikk hun makten der også. Fordi Margrete nå var barnløs, tok hun til seg Erik av Pommern som var sønnen til hennes niese. Hun oppdro ham med tanke på at han skulle ta over makten i Norden etter henne.

Margrete var en sterk kvinne og hadde stort politisk talent. Hun klarte å forene Norden til ett kongerike i Kalmarunionen. Ingen annen monark klarte dette etter henne!

Eric III of Pomerania – Erik III av Pommern

Born 1382, died 1459
Son of Duke Vratislav of Pomerania and Maria of Mecklenburg
Ruled 1389 – 1442

Eric's name was actually Henrik, but since he was to become king of Scandinavia, Margaret gave him a more Scandinavian name.

The Kalmar Union worked well while Margaret was living, but when she died, Eric had problems keeping the countries together. He became unpopular in Norway because he gave important positions to powerful Danes and Germans. He waged war against the Hanseatic League, and this resulted in high taxes, among other things. Eric lost the respect that Queen Margaret had enjoyed. People were dissatisfied with Eric in Denmark, Sweden, and Norway, and the nobility joined forces against him. In the end, he fled to the island of Gotland in the Baltic Sea, where he engaged in piracy!

After many years on the island, he ceded it to Denmark and returned to Pomerania, where he lived to be an old man.

Erik het egentlig Henrik, men Margrete ga ham et mer nordisk navn siden han skulle bli konge i Norden.

Så lenge Margrete levde, fungerte Kalmarunionen godt, men da hun døde, fikk Erik problemer med å holde landene samlet. I Norge ble han upopulær da han ga danske og tyske stormenn viktige jobber. Han gikk til krig mot hanseatene, og det resulterte blant annet i høye skatter. Erik mistet den respekten som dronning Margrete hadde hatt. Både i Danmark, Sverige og Norge var folk misfornøyde med Erik, og adelen samlet seg mot ham. Til slutt flyktet han til øya Gotland i Østersjøen, hvor han drev med sjørøveri!

Etter mange år på øya, overlot han den til Danmark og dro hjem til Pommern hvor han ble en gammel mann.

Christopher of Bavaria – Christoffer av Bayern

Born 1418, died 1448
Son of Duke John of Bavaria and Katherine of Pomerania
Ruled 1442 – 1448

Christopher was the nephew of Eric of Pomerania. He was brought from Germany to become king in Scandinavia. The powerful men who ruled Denmark wanted a monarch who was not so independent, and that is what they got when they elected Christopher king.

Christopher had little interest in politics. He was not an authoritarian man and preferred not to interfere in the affairs of governing. The nobility thus assumed greater power, while things became more difficult for the farmers.

The German merchants of the Hanseatic League took greater liberties in Norway and received ever greater privileges. And because Christopher owed them money, he protested little. The Norwegian Privy Council tried to stop the Hanse merchants, but it did not receive the king's support and had to give up.

Christoffer var nevø til Erik av Pommern. Han ble hentet fra Tyskland for å bli konge i Norden. De mektige mennene som styrte Danmark ønsket seg en monark som ikke var så selvstendig. Og det fikk de da de valgte Christoffer til konge.

Christoffer var lite interessert i politikk. Han var ingen autoritær mann, og blandet seg helst ikke inn i styre og stell. Derfor fikk adelen mer makt, mens bøndene fikk det vanskeligere.

Hanseatene, de tyske handelsmennene, tok seg større friheter i Norge og fikk flere og flere privilegier. Fordi Christoffer skyldte dem penger, protesterte han lite. Det norske riksrådet prøvde å stoppe hanseatene, men fikk ikke kongens støtte og måtte gi opp.

Carl I Knutsson Bonde
Born 1408, died 1470
Son of Knut Tordsson Bonde, a knight, and Margareta Sparre
Ruled 1449 – 1450

After Christopher of Bavaria died, the nobleman, Carl Knutsson Bonde, became the new ruler in Sweden. He was not of royal lineage, but he was wealthy and had received advanced military training. Christian I became monarch in Denmark. Norway did not have its own candidate; some wanted Carl as king, others, Christian.

Archbishop Aslak Bolt took things into his own hands and crowned Carl Norwegian king in Nidaros Cathedral on November 20, 1449. Those who supported Christian did not want to accept Carl as king, and they assembled at Akershus Fortress. Carl and his soldiers tried to take the fortress, but had to give up. After this, the Danish and Swedish privy councils decreed that Carl would have to renounce his claim to the Norwegian throne.

The conflict between Carl and Christian continued, and Carl tried a number of times to reclaim power in Norway, without success.

Da Christoffer av Bayern var død, ble adelsmannen Carl Knutsson Bonde ny regent i Sverige. Han var ikke av kongeslekt, men han var rik og hadde en høy militær utdannelse. I Danmark ble Christian I monark. Norge hadde ingen egen kandidat; noen ville ha Carl til konge, andre ønsket Christian.

Erkebiskopen Aslak Bolt tok saken i egne hender og kronet Carl til norsk konge i Nidarosdomen 20. november 1449. De som støttet Christian ville ikke akseptere Carl som konge, og samlet seg nå på Akershus festning. Carl og soldatene hans prøvde å ta festningen, men måtte gi opp. Etter dette bestemte det danske og svenske riksrådet at Carl måtte oppgi kravet på den norske tronen.

Striden mellom Carl og Christian fortsatte, og Carl prøvde flere ganger å ta makten tilbake i Norge, men klarte det ikke.

Christian I

Born 1426, died 1481
Son of Count Dietrich of Oldenburg and Hedwig of Holstein
Ruled 1450 – 1481

Christian was yet another German prince whom the Danes elected monarch. This time they chose a king who ruled for a long time. A new royal dynasty began with Christian as progenitor.

Christian was also elected king by the Norwegian Privy Council and was crowned in Nidaros Cathedral. A German poet who attended the coronation wrote: "Never have I seen a happier king." Christian pledged to visit Norway at least every three years, though he hardly concerned himself with this later. He was, first and foremost, intent on gaining power in Sweden and Schleswig-Holstein. In Sweden he lost a battle against Carl Knutsson—and he lost a tooth when someone shot at him.

King Christian was deeply in debt. When his daughter was to wed the king of Scotland, he mortgaged the Norwegian islands Orkney and Shetland to pay for the dowry. The islands were thus lost for all time.

Christian var enda en tysk fyrste som danskene valgte til monark. Denne gangen fikk de en konge som regjerte lenge, og med Christian som stamfar begynte et nytt kongelig dynasti.

Christian ble også valgt til konge av det norske riksrådet, og ble kronet i Nidarosdomen. «Aldri så jeg en gladere konge», skrev en tysk dikter som var med på kroningen. Christian lovte at han skulle besøke Norge minst hvert tredje år, men dette brydde han seg lite om senere. Han var først og fremst opptatt av å få makten i Sverige og Slesvig-Holstein. I Sverige tapte han i et slag mot Carl Knutsson, og han mistet ei tann da noen skjøt mot ham.

Kong Christian hadde stor gjeld, og da datteren hans skulle gifte seg med kongen av Skottland, pantsatte han de norske øyene Orknøyene og Shetland for å betale medgiften. Øyene var dermed tapt for alltid.

Hans

Born 1455, died 1513
Son of King Christian I and Dorothea of Brandenburg
Ruled 1483 – 1513

When Hans asked to be elected king of Norway, he was told by the Privy Council what he should do. He had to promise to provide Norway with its own national treasury and its own laws, and only Norwegian men would receive important posts. But that is not the way it went. Toward the end of the king's reign, there were only foreigners in the most important positions.

The Norwegians were nonetheless satisfied with King Hans in one instance—he managed to stop the Hanse merchants' monopoly on trade to and from Norway. King Hans used pirates in his struggle against the Germans. A result of this conflict was the establishment of the Danish-Norwegian navy.

Hans pursued an aggressive foreign policy, and he ruled Sweden for a time. He wanted to conquer the peasant republic of Dithmarschen in the northwest part of Germany and led 10,000 warriors in an attack. But the Danish knights became mired in the deep mud and were defeated by German peasants. The king barely managed to flee.

Da Hans ville bli valgt til norsk konge, fikk han klar beskjed fra riksrådet om hva han skulle gjøre. Han måtte love å gi Norge en egen statskasse og egne lover, og bare norske menn skulle få sentrale jobber. Men slik gikk det ikke. Mot slutten av kongens regjeringstid var det bare utlendinger i de viktigste posisjonene.

Nordmennene var likevel fornøyd med kong Hans i én sak. Han klarte nemlig å stoppe hanseatenes monopol på handel til og fra Norge. Kong Hans brukte pirater i kampen mot tyskerne. Ett resultat av denne konflikten var etableringen av den dansk-norske marine.

Hans førte en aggressiv utenrikspolitikk, og regjerte en tid også over Sverige. Han ville erobre bonderepublikken Ditmarsken, nordvest i Tyskland, og angrep i spissen for 10 000 krigere. Men de danske ridderne fikk problemer i den våte gjørma og ble slått av tyske bønder. Kongen klarte bare så vidt å flykte.

Christian II the Tyrant – Christian II Tyrann

Born 1481, died 1559
Son of King Hans and Christine of Saxony
Ruled 1513 – 1523

Christian lived six years in Norway as prince. He was an active boy with many ideas and a great deal of energy, but not all his notions were well intended.

In Bergen, he met two women who later exerted considerable power over him. One was Sigbrit, who carried on trade and who became his counselor. The other was Sigbrit's daughter, Dyveke, who became his mistress. Even when he married Isabella, a princess of the German-Roman Empire, he did not sever his relationship with Dyveke.

Since the time of the Kalmar Union, the Danish kings had sought to claim power in Sweden. Christian was crowned king in Stockholm in 1520, after waging war for several years. Now he wanted to put an end to the Swedes' rebelliousness once and for all. Christian invited the most powerful men in the land to the coronation banquet, then shut them in and beheaded them! After this, the king lost sympathy in Scandinavia and had to flee to Saxony. Later, he tried to regain power, but he was taken prisoner and never released.

Som prins bodde Christian seks år i Norge. Han var en aktiv gutt med mange idéer og mye energi, men ikke alt han fant på var av det gode.

I Bergen møtte han to kvinner som senere fikk mye makt over ham. Den ene var Sigbrit, som drev med handel, og som ble hans rådgiver. Den andre var Sigbrits datter, Dyveke, som ble hans elskerinne. Selv da han giftet seg med den tysk-romerske prinsessen Isabella, brøt han ikke kontakten med Dyveke.

Siden Kalmarunionens tid hadde de danske kongene krevd å ha makten i Sverige. Etter flere år med krig, ble Christian kronet til konge i Stockholm i 1520. Nå ville han sette en stopper for svenskenes opprørskhet. Christian inviterte landets mektigste menn til kroningsfesten, stengte dem inne og hogg hodene av dem! Etter dette mistet kongen sympati i Norden, og måtte flykte til Sachsen. Han prøvde senere å få makten tilbake, men ble tatt til fange. Han slapp aldri fri igjen.

Frederik I
Born 1471, died 1533
Son of King Christian I and Dorothea of Brandenburg
Ruled 1524 – 1533

When the Danes revolted against Christian II, his uncle, Frederik, became king of Denmark and Norway. He was less authoritarian than his nephew, and he granted more power to the Privy Council and nobility.

Frederik liked best to be at his castle at Gottorp in Germany. He did not speak Danish, and he never set foot in Norway. He was said to be a wise and patient man, but not so open. Frederik was generous with his promises when he needed support, but he often broke these pledges if they no longer suited him.

Even though Frederik was Catholic, he was sympathetic toward Lutheran preachers. They were permitted to speak freely and openly. He closed monasteries and took possession of many of the Church's sources of revenue. People had to pay higher taxes, and there were many therefore who did not like the king. But Frederik effectively suppressed those who rebelled.

Da danskene gjorde opprør mot Christian II, ble onkelen Frederik konge i Danmark og Norge. Han var mindre autoritær enn nevøen, og han ga mer av makten til riksrådet og adelen.

Frederik likte best å være på slottet sitt i Gottorp i Tyskland. Han snakket ikke dansk, og han satte aldri sine bein i Norge. Det sies at han var en klok og tålmodig mann, men lite åpen. Frederik var generøs med løfter hvis han trengte støtte, men han brøt gjerne disse løftene hvis de ikke passet ham lenger.

Selv om kong Frederik var katolikk, var han positiv til lutherske predikanter. De fikk lov til å tale fritt og åpent. Han stengte klostre og overtok mange av kirkens inntekter. Folk måtte betale høyere skatter, og derfor var det mange som ikke likte kongen. Men Frederik slo effektivt ned dem som gjorde opprør.

Christian III

Born 1503, died 1559
Son of King Frederik I and Anna of Brandenburg
Ruled 1537 – 1559

Christian III was present on the day Luther defended himself at the Diet of Worms, and it was here he became an ardent Lutheran. Many in the Church and the nobility did not like this, and Christian had to fight to become king, even though he was heir to the throne. He later became friends with his adversaries, and he was well liked as king.

The Reformation was introduced. Sacred relics and images of the saints were removed from the churches, and the king took possession of the monasteries and other Church property. Priests were able to continue in their positions, if they accepted the new teaching.

Christian III declared that Norway should henceforth function as a Danish region, not as an independent kingdom. Norway lost its sovereignty and now had a Lutheran state church under Denmark's control. In the end, Archbishop Olaf Engelbrektsson stood alone in his struggle to preserve a Catholic and independent Norway.

Christian III var til stede den dagen Luther forsvarte seg ved riksdagen i Worms, og her ble han en overbevist lutheraner. Mange i kirken og adelen likte dette dårlig, og Christian måtte kjempe for å bli konge selv om han hadde rett til å arve tronen. Senere ble han venner med motstanderne sine og han ble godt likt som konge.

Reformasjonen ble innført. Helgenbilder og relikvier ble tatt ut av kirkene, og kongen tok over klostrene og kirkens eiendommer. Prestene kunne fortsette i stillingene sine hvis de aksepterte den nye læren.

Christian III bestemte at Norge skulle fungere som en dansk region, ikke som et eget kongerike. Norge mistet nå sin suverenitet, og fikk en luthersk statskirke under Danmark. Erkebiskop Olav Engelbrektsson sto til slutt alene i kampen for et katolsk, selvstendig Norge.

Frederik II

Born 1534, died 1588
Son of King Christian III and Dorothea of Saxe-Lauenburg
Ruled 1559 – 1588

Frederik's parents wanted their son to become "a man, not a monk in a cell," and a monk he certainly did not become. First, he invaded Dittmarschen with great success. After that, he marched into Sweden, but here he met strong resistance. The war against the Swedes lasted for seven years and became a catastrophe for both sides. When peace was reached, the situation was almost the same as before the war started.

Frederik now let capable men govern the land for him. The navy grew stronger, the economy improved, and the realms of culture and science were strengthened.

The king was fond of animals, and "Viltsteik" ("Game Roast"), his pet dog, was his best friend. Frederik liked to celebrate. When he died, the pastor said at his funeral that the king could have lived much longer, had he not drunk so much.

Frederiks foreldre ønsket at sønnen skulle bli «en mann, og ikke en munk i en celle», og munk ble han definitivt ikke. Først invaderte han Ditmarsken med stor suksess. Deretter gikk han inn i Sverige, men her møtte han sterk motstand. Krigen mot svenskene varte i sju år, og ble en katastrofe for begge parter. Da det ble fred, var situasjonen nesten den samme som før krigen startet.

Frederik lot nå flinke menn styre landet for seg. Marinen ble sterkere, økonomien bedre, og kultur og vitenskap ble styrket.

Kongen var glad i dyr, og hunden hans «Viltsteik» var hans beste venn. Frederik var et festmenneske. Da han døde sa presten i begravelsen at kongen kunne ha levd mye lenger hvis han ikke hadde drukket så mye.

Christian IV

Born 1577, died 1648
Son of King Frederik II of Denmark and Sophia of Mecklenburg-Güstrow
Ruled 1588 – 1648

Christian IV became king at a young age and ruled for 60 years. He was a wise man, enterprising and vigorous. He visited Norway often and knew the country from top to bottom. King Christian opened mining operations and founded towns, among them, Kristiansand. He organized a Norwegian national army and postal system. The first Norwegian book print shops were established at this time.

In 1613, he defended Finnmark as sovereign Norwegian territory. In 1643, there was war again with Sweden, and in the sea battle near Fehmarn the king lost an eye. Still, he continued to fight and won the battle! But the war with Sweden was not a success. The following year he had to capitulate and cede Jämtland and Härjedalen to Sweden.

The king had a voracious appetite for food and drink, and women. With his wives and mistresses he is known to have fathered at least 24 children.

Christian IV ble konge som ung og han regjerte i 60 år. Han var en klok mann, full av initiativ og krefter. Han besøkte Norge ofte, og kjente landet fra nord til sør. Kong Christian startet gruvedrift og han grunnla byer, blant annet Kristiansand. Han organiserte en egen norsk hær og et eget norsk postvesen. De første norske boktrykkerier ble nå etablert.

I 1613 forsvarte han Finnmark som norsk suverent område. I 1643 ble det igjen krig med Sverige, og i sjøslaget ved Femern mistet kongen et øye. Kongen fortsatte likevel kampen og vant slaget! Krigen med Sverige ble likevel ingen suksess. Året etter måtte kongen kapitulere og gi fra seg Jämtland og Härjedalen til Sverige.

Kongen hadde en voldsom appetitt på mat, drikke og kvinner. Med koner og elskerinner hadde han i alle fall 24 barn.

Frederik III
Born 1609, died 1670
Son of King Christian IV and Anna Catherine of Brandenburg
Ruled 1648 – 1670

Frederik III was interested in books and philosophy. He had thought of pursuing a career in theology, but when his brother died, Frederik became heir to the throne. The nobility, before electing him monarch, tried to obtain as many privileges as it could.

As king, he went to war against the Swedes, but things went no better for him than for his father, King Christian IV. When the war ended, Denmark lost several provinces, and Norway lost Bohuslän to Sweden.

When Sweden renewed the war, the king and the citizens of Copenhagen defended the city together. After this, the king and the middle class began to cooperate. They decided that the nobility no longer had the right to elect the king. Nor would it be spared paying taxes. From now on, no one could usurp power from the king, and the title of king was hereditary.

Frederik III var interessert i bøker og filosofi. Han hadde tenkt å gjøre en teologisk karriere, men da broren hans døde, ble Frederik arving til kongetronen. Før adelen ville velge ham til monark, prøvde de å få så mange privilegier de kunne.

Som konge gikk han til krig med svenskene, men det gikk ikke bedre for ham enn det hadde gjort for faren, kong Christian IV. Da krigen var over, mistet Danmark flere landområder og Norge mistet Bohuslän til Sverige.

Da Sverige igjen startet krig, sto kongen sammen med borgerskapet i forsvaret av København. Etter dette begynte konge og borgerskap å samarbeide. De bestemte at adelen ikke lenger hadde rett til å velge konge. Den skulle heller ikke slippe å betale skatt. Fra nå kunne ingen ta makten fra en konge, og kongetittelen gikk automatisk i arv.

Christian V

Born 1646, died 1699
Son of King Frederik III and Sophia Amelia of Brunswick
Ruled 1670 – 1699

When Christian V became king, he placed the crown on his own head. After all, he had absolute power! But although he wanted to rule alone, he had to have help, and he gave a great deal of responsibility to his civil servants. In this way, the king could devote more time to his private interests—fencing, riding, and women.

Frederik, like his father and grandfather, wanted to regain territory that Sweden had taken. In 1675 he marched into Skåne, but after four years of war, he had not won anything.

In Norway, castles and fortresses were fortified, and the lumber trade flourished.

King Christian ate and drank too much and he had poor health. All the same, he died of other causes. A stag injured him so seriously during a hunt that he later died.

Da Christian V ble konge, satte han selv kronen på hodet. Han hadde jo all makt! Men selv om han gjerne ville klare jobben som monark alene måtte han ha hjelp, og han ga mye ansvar til sine embedsmenn. På denne måten kunne kongen bruke mer tid til sine private interesser—fekting, ridning og kvinner.

Frederik ville, som sin far og bestefar, vinne tilbake områder som Sverige hadde tatt. I 1675 gikk han inn i Skåne, men etter fire år med krig hadde han ikke vunnet noe.

I Norge ble borger og festninger styrket og trelasthandelen blomstret.

Kong Christian spiste og drakk for mye og han hadde dårlig helse. Likevel døde han av andre årsaker. En hjort skadet kongen så hardt under jakt at han senere døde.

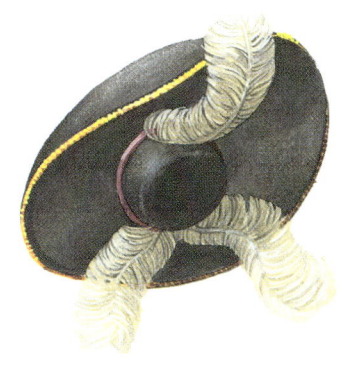

Frederik IV

Born 1671, died 1730
Son of King Christian V and Charlotte Amelia of Hesse-Cassel
Ruled 1699 – 1730

As prince, Frederik IV married Princess Louise of Mecklenburg-Güstrow. But love was lacking, and he took a number of mistresses. When the king wanted to divorce Louise, she refused. Frederik married nevertheless—first Helene von Viereck, and, when she died, Anna Sofie Reventlow. The king risked doing this, even though the laws of the land punished bigamy with death.

When Frederik grew old, he suffered a guilty conscience for the life he had led. He became more religious and supported mission work among the Sami people, Eskimos, and Indians (India).

Frederik worked hard. Unfortunately, he too began a war with Sweden, which became an economic catastrophe. Things went badly for the army, but the navy succeeded well with the Norwegian Peter Wessel Tordenskjold as its leader. After the war, the king had to sell many of the state's property holdings. In Norway 620 churches were sold to private buyers.

Som prins giftet Frederik IV seg med prinsesse Louise av Mecklenburg-Güstrow. Men kjærligheten manglet og han tok seg flere elskerinner. Da kongen ville skille seg fra Louise, nektet hun, men Frederik giftet seg likevel. Først med Helene von Viereck, og da hun døde, med Anna Sofie Reventlow. Dette våget kongen selv om landets lover hadde dødsstraff for bigami!

Da Frederik ble gammel, fikk han dårlig samvittighet for det livet han hadde levd. Han ble mer religiøs og støttet misjon blant samer, eskimoer og indere.

Frederik jobbet hardt. Dessverre gikk også han inn i en krig med Sverige som ble en økonomisk katastrofe. Det gikk dårlig med hæren, men flåten klarte seg bra med nordmannen Peter Wessel Tordenskjold som leder. Etter krigen måtte kongen selge mange av statens eiendommer. I Norge ble 620 kirker solgt til private.

Christian VI

Born 1699, died 1746
Son of King Frederik IV and Louise of Mecklenburg-Güstrow
Ruled 1730 – 1746

When he was very young, Christian VI was small, with a weak and a high-pitched voice. He was quiet, solemn, and shy. The boy was raised by German Pietists and became a serious Christian. He married a German princess, Sophie Magdalene, who shared many of his interests: daily devotions, prayer meetings, and Bible reading.

The royal couple liked neither dance nor theater. This was a misfortune for Ludvig Holberg, whose comedies were not performed. But they loved luxury, and they used enormous sums of money to build castles. No other king had spent so much money on pomp and splendor as Christian VI.

The king wanted the people to gain knowledge of the proper faith. He declared that all children should attend school and be confirmed. In religious instruction, Pontoppidan's explanation of *Luther's Small Catechism* became the basis of understanding Christianity and was used in Norway for the next 150 years.

Som ung var Christian VI en liten gutt med en svak og pipete stemme. Han var stille, alvorlig og sjenert. Gutten ble oppdradd av tyske pietister og han ble en alvorlig kristen. Han giftet seg med en tysk prinsesse, Sophie Magdalene, som hadde mange av de samme interessene som ham selv: Daglige andakter, bønnemøter, og bibellesing.

Kongeparet likte verken dans eller skuespill. For Ludvig Holberg var dette en ulykke, komediene hans ble ikke spilt. Men de elsket luksus, og de brukte enorme pengesummer på å bygge slott. Ingen andre konger hadde brukt så mye penger på pomp og prakt som Christian VI.

Kongen ville at folk skulle lære om den rette tro. Han bestemte at alle barn skulle gå på skole og stå til konfirmasjon. I undervisningen ble Pontoppidans forklaring til *Luthers lille katekisme* sentral i norsk kristendomsforståelse i de neste 150 år.

Frederik V

Born 1723, died 1766
Son of King Christian VI and Sophie Magdalene of Brandenburg-Kulmbach
Ruled 1746 – 1766

Frederik was a popular king during his first years as monarch. He was fond of parties and theater, and completely different from his stern and principled father. The king let his minister, Adam Gottlob Molkte, run the affairs of the realm.

Frederik spent much of his time roaming about town, visiting pubs and brothels. In this manner, he learned the Danish language—his ancestors had spoken German—but more and more he lost respect as king. He often became intoxicated, and he developed a perverse sexual life.

The king had planned to travel around Norway, but when he arrived in Christiania, he was met by rain. He no longer felt like continuing the trip and returned to Denmark. Later, Frederik had 60 statues made of Norwegians from different parts of the country. These statues he put up in the park next to Fredensborg Castle, where they stand today.

Frederik var en populær konge de første årene som monark. Han var glad i fest og teater og var helt ulik sin strenge moralske far. Kongen lot sin minister, Adam Gottlob Molkte, ta seg av kongerikets styre og stell.

Frederik brukte mye av tiden sin ute i byen og han besøkte både ølstuer og horehus. På denne måten lærte han dansk språk, hans forfedre hadde snakket tysk, men som konge mistet han mer og mer respekt. Han drakk seg ofte full og utviklet et perverst seksualliv.

Kongen hadde planlagt en reise rundt i Norge, men da han kom til Christiania ble han møtt av regn. Frederik mistet lysten til å reise lenger og dro hjem igjen til Danmark. Siden fikk han laget 60 statuer av nordmenn fra ulike deler av landet. Disse statuene satte han opp i parken ved Fredensborg slott, og der står de den dag i dag.

Christian VII

Born 1749, died 1808
Son of King Frederik V and Louise of England
Ruled 1766 – 1808

As a boy, Christian VII had suffered a brutal upbringing. He had frail mental health and often lost his self-control. During his first two years as king, he was known to fly about the castle in a rage, destroying fixtures and furnishings. At night, the monarch wandered about town with his friends and the prostitute, "Boots-Katherine," kicking up a row. They got drunk, vandalized brothels, and brawled.

On a trip through Europe, Christian took along J. F. Struensee, a German physician. Struensee understood how to manipulate the king, and he gradually assumed control. Moreover, Struensee became the queen's lover and had a child with her. King Christian had now grown feeble and weak-willed.

In the end, the perpetrators of a coup made the king sign a letter ordering the beheading of Struensee. The mad King Christian lived the rest of his life in illness and isolation.

Christian VII hadde fått en brutal oppdragelse som gutt. Han hadde svak mental helse og mistet ofte kontrollen over seg selv. De to første årene som konge kunne han rase rundt på slottet og ødelegge inventar og møbler. Om nettene var monarken ute i byen for å lage bråk sammen med vennene sine og den prostituerte «Støvle-Katrine». De drakk seg fulle, raserte horehus og sloss.

På en reise i Europa hadde Christian med seg J. F. Struensee som var en tysk lege. Struensee forsto hvordan han kunne manipulere kongen, og etter hvert tok han over styret. Men Struensee ble i tillegg dronningens elsker og fikk barn med henne. Kong Christian var nå blitt svak og uten vilje.

Til slutt fikk kuppmakere kongen til å signere et brev hvor det sto at Struensee skulle halshogges, og slik ble det. Den gale Christian levde resten av livet syk og isolert.

Frederik VI
Born 1768, died 1839
Son of King Christian VII and Caroline Mathilde of England
Ruled 1808 – 1814

Frederik VI was keenly involved in governing the kingdom of Denmark-Norway, and he initiated many reforms: farmers were given greater freedom; punishments became less severe; hospitals and pharmacies were opened; and Norway established its first university.

Frederik loved uniforms and military drill, and he commanded the armed forces. In the war with Napoleon, the English insisted on taking control of the Danish naval fleet and making Denmark an ally, but Frederik opposed this. In retribution, the English sailed to Copenhagen and seized the ships. Frederik now had to ally himself with France. Then England blockaded all trade with Norway. The people did not receive grain shipments, and many died of hunger.

When Napoleon lost the war, King Frederik was also one of the losers. In 1814, he therefore had to cede Norway to the Swedish king.

Frederik VI var engasjert i styret av kongeriket Danmark-Norge, og han sto bak mange reformer. Bøndene fikk større frihet, straffene ble mindre strenge, sykehus og apotek ble åpnet. Norge fikk sitt første universitet.

Frederik elsket uniformer og militær eksersis. Han var selv leder av forsvaret. I krigen med Napoleon krevde engelskmennene å overta den danske marineflåten og få Danmark som en alliert. Men dette ville ikke Frederik. Som straff seilte engelskmennene til København og tok skipene der. Nå måtte Frederik alliere seg med Frankrike. England blokkerte da all handel til Norge; folk fikk ikke korn og mange døde av sult.

Da Napoleon hadde tapt krigen, var også kong Frederik en av taperne. I 1814 måtte han derfor gi fra seg Norge til svenskekongen.

Christian Frederik

Born 1786, died 1848
Son of Prince Frederik and Sophia Frederica of Mecklenburg
Ruled the summer of 1814

As the Napoleonic War drew to a close, Christian Frederik was sent to Norway. Here he was to represent the Danish king.

The European Great Powers had decided that Norway should be in a union with Sweden, but the Norwegians protested. Christian Frederik played a central role in the revolt. He was a skilled speaker and enjoyed great respect. Norway's most powerful men assembled at Eidsvoll to draft a Norwegian constitution. The constitution was completed on May 17, 1814, and Christian Frederik was elected the country's new king.

But a short time later, the Swedes went to war against Norway. King Christian Frederik soon called off armed resistance, and the Norwegian parliament had to accept the Swedish monarch, Carl XIII, as king. But Norway was allowed to retain its constitution and its status as a sovereign land, although it was in a union with Sweden.

Da Napoleonskrigen gikk mot slutten, ble Christian Frederik sendt til Norge. Her skulle han representere danskekongen.

De europeiske stormaktene hadde bestemt at Norge skulle være i union med Sverige, men nordmennene protesterte. I dette opprøret sto Christian Frederik sentralt. Han var en flink taler, og ble møtt med stor respekt. Norges mektigste menn samlet seg på Eidsvoll for å lage en egen norsk grunnlov. Grunnloven ble ferdig den 17. mai 1814 og Christian Frederik ble valgt til landets nye konge.

Kort tid etter gikk svenskene til krig mot Norge. Kong Christian Frederik ga snart opp forsvaret, og det norske Stortinget måtte akseptere den svenske monarken, Carl XIII som konge. Men selv om Norge var i union med Sverige, fikk de beholde grunnloven og sin status som eget land.

Carl II (XIII)

Born 1748, died 1818
Son of King Adolf Fredrik of Sweden and Louisa Ulrica of Prussia
Ruled 1814 – 1818

Carl II developed an early attraction to the occult. He was interested in alchemy; he visited cemeteries at night; and he belonged to secret clubs.

In 1809 he participated in a coup d' état in Sweden and became the new king. Carl was also the leader of the country's Freemasons, and he declared that all Swedish princes would automatically become members of the order of Freemasons when they were born. Since Carl had no one who could succeed him on the throne, he had to reluctantly adopt the Frenchman, Jean Bernadotte, as his crown prince.

Sweden had lost Finland to Russia in 1808. Now Norway was to become a partner in a new union with Sweden, and when the Norwegians protested, Sweden launched an attack. Carl himself was on board when a Swedish warship bombarded Fredrikstad. But this was his first and last trip to Norway. When he was installed as Norwegian monarch, he had suffered a stroke, and his health was poor.

Carl II ble tidlig opptatt av okkultisme. Han var interessert i alkymi, han besøkte kirkegårder om natten og han deltok i hemmelige klubber.

I 1809 var han med på et statskupp i Sverige og ble landets nye konge. Carl var også leder for landets frimurere og bestemte at alle svenske prinser automatisk skulle bli medlem av frimurervesenet når de ble født. Siden Carl ikke hadde noen som kunne arve kongetronen, måtte han motvillig adoptere den franske Jean Bernadotte som sin kronprins.

I 1808 hadde Sverige mistet Finland til Russland. Norge var aktuell som ny unionspartner, men da nordmennene protesterte, gikk Sverige til angrep. Da et svensk krigsskip bombet Fredrikstad, var Carl selv ombord på skipet. Men dette ble hans første og siste tur til Norge. Da han ble innsatt som norsk monark, var helsen hans svært dårlig etter et hjerneslag.

Carl III (XIV) Johan

Born 1763, died 1844
Son of Henri Bernadotte, a lawyer, and Jeanne de Saint-Jean
Ruled 1818 – 1844

His name was actually Jean-Baptiste-Jules Bernadotte, but he changed his name to Carl Johan when he became Swedish crown prince. His career began as volunteer soldier in France, where he later served as general in Napoleon's army. In the end, he came to Sweden and became king of two nations. Carl himself was astonished at his own career!

The king was very wealthy. He had sound military experience and was a skillful politician. But the Norwegians were skeptical of the king, and Carl Johan tried to act less authoritarian in order to gain acceptance in Norway. He was not always democratic and often had differences with parliament. He did not like the celebration of May 17th in Norway and regarded it as a personal affront.

The king began construction on the palace in Oslo. The city's main avenue was named Carl Johan after his death.

Hans egentlige navn var Jean-Baptiste-Jules Bernadotte, men da han ble svensk kronprins forandret han navnet til Carl Johan. Hans karriere begynte som frivillig soldat i Frankrike, senere ble han general i Napoleons armé, og til slutt kom han til Sverige og ble konge over to nasjoner. Carl var selv forbauset over sin egen karriere!

Kongen var svært rik. Han hadde solid militær erfaring og var en flink politiker. Men nordmennene var skeptiske til kongen, og Carl Johan prøvde å opptre mindre autoritært for å få aksept i Norge. Han var ikke alltid demokratisk og kom ofte i diskusjoner med Stortinget. Han likte ikke 17. mai-feiringen i landet. Den tok han som en personlig fornærmelse.

Kongen startet byggingen av slottet i Oslo. Hovedgaten i byen fikk etter kongens død navnet Carl Johan.

Oscar I

Born 1799, died 1859
Son of King Carl III Johan and Desideria
Ruled 1844 – 1859

Oscar was 11 years old when he came to Sweden with his mother. Here they were to meet Oscar's father and become Sweden's new royal family. Oscar's mother, Desideria, found the climate *horrible* and soon returned to France, but Oscar felt right at home and learned Swedish rapidly. This was of great help to his father, who spoke only French.

Oscar I was a man of many interests and talents. He painted, composed, and wrote. In one of his books he introduced new ideas on punishment and prisons. He believed that sentences should be milder and criminals given the opportunity to reform themselves. He lived for a time in Oslo and led government meetings there. He built a large summer lodge on Bygdøy and invited renowned artists to decorate it. The work was carried out in the style of national romanticism. Norwegian interests were strengthened during this period. Ships of commerce and the navy were now permitted to fly their own Norwegian flag, Norway's naval ensign. Norway also established its own royal order—the Order of St. Olaf.

Oscar var 11 år da han kom til Sverige sammen med sin mor. Her skulle de møte Oscars far og bli Sveriges nye kongefamilie. Moren Desideria syntes klimaet var *horribelt* og returnerte snart til Frankrike, men Oscar likte seg godt og lærte fort svensk. Dette var til stor hjelp for faren, som bare snakket fransk.

Oscar I var en mann med mange interesser og talenter. Han malte, komponerte og skrev. I en av bøkene sine kom han med nye tanker om straff og fengsler. Han mente at straffene burde bli mildere slik at kriminelle kunne få en sjanse til å forbedre seg. Han bodde en stund i Oslo og ledet regjeringsmøtene der. På Bygdøy bygget han lystslottet Oscarshall. Her inviterte han kjente kunstnere til å dekorere bygningen. Disse arbeidene er laget i nasjonal-romantisk stil. Norske interesser ble styrket i denne perioden. Handelsskip og marinen fikk nå bruke et eget norsk flagg, orlogsflagget. En egen norsk kongelig orden ble også opprettet: St. Olavs orden.

Carl IV (XV)

Born 1826, died 1872
Son of King Oscar I and Josephine of Leuchtenberg
Ruled 1859 – 1872

Carl IV was the most popular of the kings who reigned during the union with Sweden. With his full beard and uniform, he was a splendid sight on horseback. He was open and friendly, and women were easily fascinated by him. The king had many talents: he was a gifted painter; he wrote poetry; and he had an impressive singing voice.

Carl was a romantic with great imperialistic dreams, but he did not receive support for his ideas from politicians, who often put the king in his place. He was careless in making pledges, and he often had to express his regret when he understood that his plans had not been realistic. The worst episode took place in 1863-64. German troops were mobilized on the border with Denmark, prepared to invade. Carl was on the side of the Danes and promised them military support. But when the Germans attacked, neither the Norwegian nor the Swedish parliament agreed to send soldiers to aid their neighbor. Denmark lost the war and Carl was again the fool.

Carl IV var den mest populære av de svenske unionskongene. På hesteryggen var han flott å se til, med helskjegg og uniform. Han var åpen og vennlig, og kvinner ble lett fascinert av ham. Kongen hadde mange evner: Han var en flink maler, han skrev dikt og han hadde en imponerende sangstemme.

Carl var en romantiker med store imperialistiske drømmer, men han fikk ikke støtte hos politikerne for idéene sine og kongen ble ofte satt på plass. Han var uforsiktig med å gi løfter, og måtte ofte beklage når han etterpå forsto at planene hans ikke var realistiske. Den verste episoden skjedde i 1863-64. Tyskland sto på grensen til Danmark, klar til invasjon. Carl var på danskenes side og lovte dem militær støtte. Men da tyskerne angrep, ville verken det norske eller det svenske Storting sende soldater til nabolandet. Danmark tapte og Carl sto igjen som en tosk.

Oscar II
Born 1829, died 1907
Son of King Oscar I and Josephine of Leuchtenberg
Ruled 1872 – 1905

Oscar II had as his motto to do everything for the good of the union. Although he stayed mostly in Stockholm, he learned to write and speak Norwegian, and he collected old Norwegian houses and antiques. But for the Norwegians he was by and large a Swedish king, and it was his rigid attitude toward the Norwegians that led to the dissolution of the union with Sweden during his reign.

Norway had become a great and modern shipping nation and needed its own foreign policy and its own consulates abroad. But the Swedes did not support Norway in these matters. To protest this state of affairs, all the Norwegian cabinet ministers resigned their posts in 1905. The king, however, refused to approve the departure of the government. Parliament now felt that he was not doing his job, and on June 7th, Norway withdrew from the alliance with Sweden! The union had been dissolved without great drama.

Oscar II hadde som motto å gjøre alt til beste for unionen. Selv om han holdt seg mest i Stockholm, lærte han seg både å skrive og snakke norsk, og han samlet på gamle norske hus og antikviteter. For nordmennene var han likevel mest en svensk konge, og det var hans steile holdning til nordmennene som gjorde at unionen med Sverige tok slutt i hans tid.

Norge hadde blitt en stor og moderne skipsnasjon, og trengte en egen utenrikspolitikk og egne konsulater i utlandet. Svenskene støttet ikke Norge i disse sakene. Som en protest på dette, sa alle norske statsråder opp stillingene sine i 1905, men kongen nektet å godkjenne regjeringens avgang. Stortinget mente nå at kongen ikke gjorde jobben sin, og den 7. juni trakk Norge seg fra forbundet med Sverige! Så ble unionen oppløst uten stor dramatikk.

Haakon VII

Born 1872, died 1957
Son of King Frederik VIII of Denmark and Louise of Sweden
Ruled 1905 – 1957

King Haakon was born a Dane and named Christian Frederik Carl Georg Valdemar Axel. He married Princess Maud of England, and they had a son named Alexander. Since Haakon had an older brother, he had no expectation of becoming king. He was therefore surprised when he was invited to become king of Norway. As monarch, he took the old Norwegian royal name of Haakon, and his son received the name Olaf.

When Germany invaded Norway in April 1940, the government fled north with the king and crown prince. They refused to surrender to the Germans and would not accept Vidkun Quisling as the new head of government. King Haakon, together with the Nygaardsvold government, went into exile in England until the war ended. While in England, he remained a symbol of unity for the Norwegian resistance movement, and when he returned to a liberated Norway on June 7, 1945, he was welcomed by the people as a hero.

Kong Haakon var opprinnelig dansk og het Christian Frederik Carl Georg Valdemar Axel. Han giftet seg med prinsesse Maud av England og de fikk sønnen Alexander. Siden Haakon hadde en eldre bror, hadde han ingen forventninger om å bli konge. Han ble derfor overrasket da han ble tilbudt å bli konge i Norge. Som monark tok han det gamle norske kongsnavnet Haakon og sønnen fikk navnet Olav.

Da Tyskland invaderte Norge i april 1940, flyktet regjeringen, kongen og kronprinsen nordover i landet. De nektet å overgi seg til tyskerne, og ville ikke ha Vidkun Quisling som ny regjeringssjef. Sammen med regjeringen Nygaardsvold, dro kong Haakon til England i eksil til krigen var over. Fra England ble han et samlingsmerke for den norske motstandskampen. Da han kom tilbake til et fritt Norge 7. juni 1945, ble han møtt som en helt av befolkningen.

Olaf V – Olav V
Born 1903, died 1991
Son of King Haakon VII and Maud of Great Britain and Ireland
Ruled 1957 – 1991

The Norwegian people gave the little prince a warm welcome when he arrived in the country with his parents at 2 years of age. He was an active athlete in his youth. He went cross-country skiing in the woods surrounding Oslo and competed as a ski jumper at Holmenkollen. Because he was a man of the people, he won the hearts of the people of Norway. In 1929 he married the Swedish princess, Märtha. It was a happy marriage and very popular among Norwegians. But Olaf was widowed in 1954 and never remarried.

Olaf received extensive military training, and he made good use of it during the Second World War. From June 1944 until July 1945, he was head of the Norwegian armed forces. Olaf visited the U.S.A. often, seven times as crown prince, and six times as king. His last trip to America was in 1989. When King Haakon died in 1957, Olaf asked to be consecrated as king in Nidaros Cathedral, although coronation ceremonies had been abolished. His wish was granted. King Olaf became king of all the people, known for his warm smile and his friendly and unaffected manner.

Det norske folk tok godt i mot den lille prinsen da han kom til landet med foreldrene sine bare 2 år gammel. I ungdommen var Olav en aktiv idrettsmann. Han gikk skiturer i skogene rundt Oslo og han deltok som skihopper i Holmenkollen. Fordi han var så folkelig, vant han nordmenns hjerter. I 1929 ble han gift med den svenske prinsessen Märtha. Det var et lykkelig ekteskap, og svært populært blant nordmenn. Men i 1954 ble Olav enkemann og han giftet seg aldri igjen.

Olav hadde en allsidig militær utdannelse. Dette fikk han god bruk for under annen verdenskrig. I perioden juni 1944 til juli 1945 var han landets forsvarssjef. Olav besøkte ofte USA, hele sju ganger som kronprins og seks ganger som konge. Hans siste reise til Amerika var i 1989. Da kong Haakon døde i 1957, ønsket Olav å bli signet som konge i Nidarosdomen til tross for at kroningsseremonier hadde blitt avskaffet. Det ble som Olav ville. Kong Olav ble hele folkets konge, kjent for sitt varme smil og sin folkelige opptreden.

Harald V

Born 1937
Son of King Olaf V and Märtha of Sweden
Has ruled since 1991

When the Germans invaded Norway in 1940, Crown Princess Märtha and the three children fled the country. First, they were in Sweden, and later in the U.S.A., where President Roosevelt offered them sanctuary. Thus, Harald grew up in America and felt at home there. When he returned to Norway after the war, he attended regular public school. As crown prince he was expected to find a spouse among the bluebloods, but that did not happen. Harald fell in love with Sonja Haraldsen and insisted on marrying her. He said that if he did not receive the government's consent, he would prefer to remain unmarried! The royal wedding was held in 1968, and in 1971 they had a daughter, Märtha Louise. Crown Prince Haakon Magnus was born in 1973. After King Olaf's death in 1991, Harald and Sonja were consecrated as king and queen in Nidaros Cathedral.

King Harald is an avid sailor. He has competed several times in the Olympic Games, and he has won both European and world championships. As king, Harald has been an open-minded and tolerant monarch. Like his father and grandfather before him, he has chosen the motto: *Everything for Norway!*

Da tyskerne invaderte Norge i 1940, flyktet kronprinsesse Märtha og de tre kongebarna fra landet. Først var de i Sverige, og siden i USA hvor president Roosevelt tilbød dem opphold. Harald vokste derfor opp i Amerika og følte seg hjemme der. Da han kom til Norge etter krigen gikk han på vanlig, offentlig skole. Som kronprins var det likevel forventet at han skulle finne en ektemake med blått blod, men det skjedde ikke. Harald forelsket seg i Sonja Haraldsen, og insisterte på å gifte seg med henne. Fikk han ikke regjeringens samtykke til dette, ville han heller leve ugift! I 1968 sto det kongelige bryllupet og i 1971 fikk de datteren Märtha Louise. Kronprins Håkon Magnus ble født i 1973. Etter kong Olavs død i 1991, ble Harald og Sonja signet som konge og dronning i Nidarosdomen.

Kong Harald er en ivrig sportsseiler. Han har deltatt flere ganger i OL og vunnet både Europa- og verdensmesterskap. Som konge har Harald vært en åpen og tolerant monark. Som sin far og sin bestefar har han tatt valgspråket: «Alt for Norge!»

Bibliography

- *Aschehoug og Gyldendals store norske leksikon*; editors Olaf Kortner, Preben Munthe and Egil Tveterås, Kunnskapsforlaget, 1978–81
- *Døden på Reeperbahn og andre skandaler i de nordiske kongehus*; Øystein Sørensen, Metope, 1987
- *Norges historie*; Theodricus Munk, translated by Astrid Salvesen, H. Aschehoug & Co., 1969
- *Hvem er hvem i kongerekken*; Zinken Hopp, John Griegs Forlag, 1957
- *Kungar & Drottningar i Sverige*; Lena Lidbeck, Rabén & Sjögren, 1993
- *Norske kongar og regentar*; Jardar Skaadel and Sven Erik Skarsbø, Det Norske Samlaget, 1998
- *Norges konger*; Anders Kvåle Rue and Ole Røsholdt, Gyldendal, 2004
- *Norges konger fra sagatid til samtid*; Vera Henriksen, Øystein Rian, Johan Hjort and Tim Greve, Grøndahl og Dreyers Forlag AS, 1995
- *Norges konger og dronninger i tusen år*; Harald Lande and Åsa Gran, J.W. Cappelens Forlag, 1945
- *Norges kongesagaer*; Snorre Sturluson, Gyldendal Norsk Forlag AS, 1979
- *Våre konger, en vei gjennom Norgeshistorien*; Lars Roar Langsleth, Cappelen, 2002

Deb Nelson Gourley, presenter and publisher

Deb Nelson Gourley was born April 1, 1954, in Fillmore County, Minnesota, to Sylvan and Charlotte (Knudson) Nelson. She was raised on a 150-year-old Norwegian ancestral farm in Amherst, near Canton in southeastern Minnesota. Deb received her Bachelor of Science and Master of Science degrees from the University of Minnesota and worked on staff for both the University of Minnesota and University of Wisconsin. Inspiration for her *Astri, My Astri: Norwegian Heritage Stories* bilingual English-Norwegian book in 2004 were her 27 Norwegian ancestors who began emigrating as early as 1845 from Hallingdal, Numedal, Telemark, Voss, Sogn, Valdres and Selbu near Trondheim. During the 1840s and 1850s, they first settled in Luther Valley and Koshkonong, Wisconsin, moving onward to Norwegian settlements in Fillmore, Houston and Jackson counties in Minnesota and Winneshiek County in Iowa. In 2006, Deb published a translated and expanded version of *History of the Norwegian Settlements* by Hjalmar Rued Holand (1908). She is sole owner of Astri My Astri Publishing in Waukon, Iowa. Deb has two sons, Alex and Ben Huntrods.

Anders Kvåle Rue, illustrator and author

Anders Kvåle Rue was born in 1965 in Rjukan, Norway. Except for a period of 15 years, when he was living in Oslo, his home has been in Telemark. He currently lives on a small farm in Svartdal, in the municipality of Seljord, with his wife, Anne Lise, and two sons, Johannes and Ambros. Since finishing his art education, he has worked as an illustrator, graphic designer and writer. Today he spends most of his time drawing, specializing in historical subjects. He works in a wide range of styles on a variety of assignments. As an author, he wrote the book *Skjegg* (Beard) in 2003. He has also been a regular writer of feature articles in Telemark's largest newspaper, *Varden*. Anders has twice been awarded the national prize for Best Comic of the Year. He has also received a prize in *The Most Beautiful Book of the Year* awards competition for his artwork in *Snorre*, a popularized version of *Heimskringla*.

Photo by John Straume

About *Kings of Norway*

Work on this book began with the drawings. Illustrator Anders Kvåle Rue's aim was to create likenesses of all the Norwegian monarchs, making them appear as realistic as if they had been photographed. To do this, he traveled throughout Norway, Sweden and Denmark, visiting castles, museums, and libraries to find historical references for his drawings. Anders had to distinguish between reliable and non-reliable sources, since many famous royal portraits were in fact done many generations after a king had actually lived. For the first group of kings, his only source was written material—mainly, Snorri Sturluson's *Heimskringla*. To get the images as authentic as possible, he studied the development of clothing and armor through history. To help the reader remember each monarch, Anders incorporated postures that revealed characteristics of each subject. The artist used pencils and watercolor, recruiting friends as models to give life to the references collected on each king.

In the Norwegian version of the book, the drawings were accompanied by the text of Ole Røsholdt. In the American bilingual book, Anders himself has written the texts, with the help of language teacher Kari Grønningsæter, and Jim Skurdall has translated their texts into English.

Book publisher Deb Nelson Gourley gives her special thanks to the following for helping to make this book and CD possible:
- Anders Kvåle Rue—text, illustrations, and Norwegian voice on the CD
- Kari Grønningsæter—simplification of Norwegian text
- Jim Skurdall—English translations
- Sons of Norway Foundation—donation toward the translations
- Harley Refsal, Steinar Opstad, and Arne Brekke—back cover reviews
- Marit Waaler, Arild Røed, Thor Ekre, and Steinar Ulla family—support and encouragement
- Jo Ann B. Winistorfer—editing and proofing assistance
- Alice Stangeland Kirn, Kari Synnøve Morset, Elaine Nordlie, and Vigdis Sundsvold—helpful comments and suggestions
- Liv Marit Haakenstad—research and text on *Astri, Mi Astri* song history
- Alexander Knud Huntrods—English voice on the CD
- Mannskoret Klang (Klang Male Chorus) of Lillehammer, Norway; Dag Leonardsen, conductor; Knut Litsheim, soloist—recording of *Astri, My Astri* and *Astri, Mi Astri* for the CD
- Chris Shelton—technical assistance with book cover and the CD
- Erik Anundsen—printing and distribution

History of *Astri, Mi Astri* song

The old folk song *Astri, Mi Astri* appears in a number of songbooks in Norway. The melody comes from a Norwegian folk tune, with the author usually listed as Hans Hanson. Who was Hans Hanson, and what is the story behind his song?

Hans Hanson was born near Larvik (Brunlanes), Vestfold, on September 28, 1777, the son of sailor Bertel Hanson (1746-1806) and Else Malene Schaarbek. The family lived for a time near Bristol, England, where Hanson received part of his education. In 1792, the teen-aged Hanson returned to Norway with his father and was confirmed the next year at Larvik. He soon began work as a timber buyer for Ulrich v. Cappelen in Skien, Telemark. In November 1805, at age 28, Hans Hanson married Christiane Bagge from Skien, daughter of Danish merchant Rasmus Bagge. After three years of marriage, Hanson became disabled from rheumatic fever. A year later, his wife gave birth to a stillborn child and died in childbirth. Soon thereafter, Hanson became a private tutor. He began writing his own songs, satires and poems based on the Telemark dialect. Some of his songs were inspired by poetry from before the time of Christ!

In the early 19th century, Latin was an important part of the curriculum in Norway. As a private tutor, Hanson taught Latin to his students. The works of the Roman poet, Horatius (61-8 B.C.), were among the Latin lessons. One of the odes Horatius wrote was called *Ode to Lydia*, the story of two lovers who have split up but still love each other, each blaming the other for the broken relationship. Finding new partners, they keep trying to convince each other they are happy. But deep down, they still love each other and long to be together.

In 1816, Hanson wrote a broadside ballad called *Sveinung og Astri*, later renamed *Astri, Mi Astri*. The song was based on the 2,000-year-old *Ode to Lydia*. Lydia became the Norwegian Astri, and the man became Sveinung. The original lyrics, written in improvised folk verse, easily lent themselves to a Norwegian environment. There are three known melodies of *Astri, Mi Astri*, including one arranged by Edvard Grieg as part of his *Symphony in C Minor*.

Hans Hanson died on April 30, 1837, in Langesund, Telemark, at age 59. His memory lives on through his song, with its roots reaching back more than two millennia.

Astri, My Astri

(both English and Norwegian versions on CD)

Astri! my Astri! your heart mine alone was,
in those old days of our joy and delight!
You always wept when our eventide flown was,
tho' we did then meet each Saturday night.
Then 'twas my heart, Astri, you stole from me,
happier I was than princes can be.

Ah, you did Astri then love, and her only,
that was ere Svanaug you cared so to see;
I knew not then what it was to be lonely,
for ev'ry week you did hasten to me.
With no fine lady to change would I choose,
in those old days if I you must thus lose.

Henceforth, I'll court Svanaug, good-hearted
she always seems, and so loving and kind;
it was her fine Long Harp playing first started
me to go see her, she not shall be mine.
I to die two deaths would not be afraid,
could I but please her, my gentle-eyed maid.

What if I Svanaug to leave should endeavor!
What if I put her quite out of my mind
and should come back to my Astri forever,
and you, my dearest, should once more be kind!
If I now promise to you to be true,
Astri, my Astri, what answer have you?

Milder than sunshine o'er mountaintops glowing,
Torgrim is ever and ever will be;
savage and cross as a troll you are growing,
falser than foam on the waters to me.
But, all the same, your true maiden am I,
only with you will I live and will die.

Astri, Mi Astri

Astri, mi Astri som eine heldt 'tå meg,
den tid du var meg so inderleg god,
den tid du gret kvar ein gong eg gjekk frå deg,
som var kvar laurdagskveld; minst du det no?
Då var i bygda eg sælaste gut,
inkje eg bytte med prest eller fut.

Den tid du heldt utav Astri åleine,
då inkje Svanaug var venar' for deg;
den tid du var no so snøgg'e på beini,
då du kvar laurdagskveld ila til meg.
Inkje med skrivarens dotter ha' eg
den gongen byta, skuld' eg mista deg.

Heretter berre til Svanaug eg belar,
ho som er alltid so godsleg og blid,
ho som so gildsleg på langleiken spelar,
Svanaug den vene skal no vera mi.
Gjerne so vilde eg tvo gonger døy,
når eg kund' gleda mi venøygde møy.

No held eg berre tå Torgrim den flinke,
eismal eg vald'n blant belarar fleir;
Sveinung, ja Sveinung! Du tarv no slett inkje
tenkja at eg kan få hug til deg meir.
Tri gonger kunne dei slå meg ihjel,
berre eg visste, at Torgrim var sæl.

Men um eg skulle no Svanaug forlata,
og um eg kom ho 'kje meire i hug,
og um eg skulde til deg koma atter,
um eg til Astri igjen skuld' få hug.
Um eg no trygda at eg vart deg tru,
Astri, mi Astri! Kva svara då du?

Venar enn soli som glar bakum fjellet,
det er han Torgrim, kan eg seia deg;
og du er argar enn villaste trollet,
falskar enn skumet på vatnet mot meg.
Men eg er likvel di trugnaste møy,
berre med deg eg vil leva og døy.

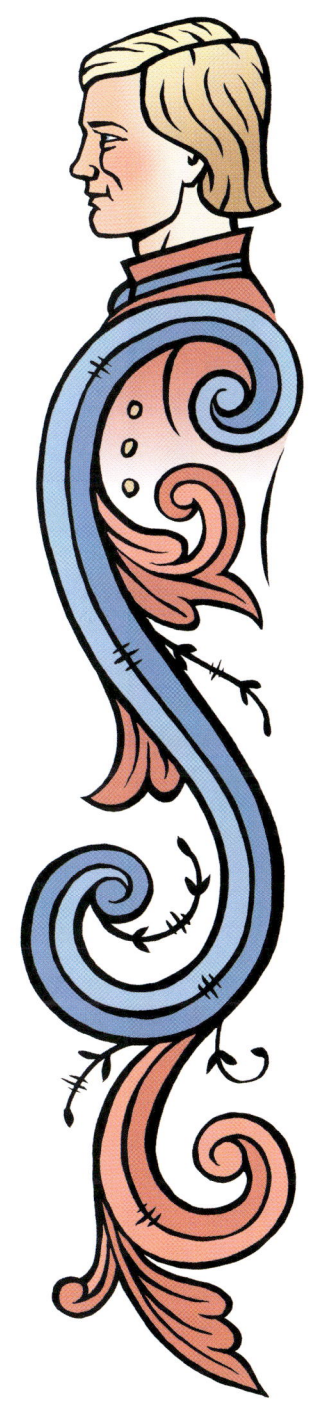

ORDER FORM
(order form may be photocopied)

Deb Nelson Gourley presents:
Kings of Norway
By Anders Kvåle Rue
58 bilingual stories in English and Norwegian

Order via internet
http://www.astrimyastri.com

or

Order via postal mail
Made check payable to: Astri My Astri Publishing
Send $39.95 plus $10 shipping and handling in USA
(plus 7% sales tax for Iowa residents only)
&
Mail order form copy and payment directly to the printer:
Anundsen Publishing Company
108 Washington St, PO Box 230
Decorah, IA 52101

Name: _____

Address: _____

City/State/Zip: _____

Phone: _____

E-mail: _____

Amount enclosed: _____

NORTH AMERICA

GREENLAND

ICELAND

Faeroe Is
Shetla
Orkn
Hebrides
SCO
IRELAND

Countries and places mentioned in the book

PORTUGAL
SPA